Trancegeschichten
für Lebenshilfe und Therapie

Ingo Michael Simon

Ingo Michael Simon studierte Psychologie und Pädagogik und ist Hypnosetherapeut mit Praxistätigkeiten in Südwestdeutschland und in der Schweiz. Mit Hilfe hypnosegestützter Psychotherapie behandelt er vor allem Menschen mit anhaltenden psychischen Leiden. Angststörungen aller Art und psychosomatische Erkrankungen bilden den Schwerpunkt seiner Praxistätigkeit. Zu seinen therapeutischen Angeboten gehören hauptsächlich Hypnoseanwendungen sowie Quantenheilung und die von ihm selbst entwickelte Traumlandtherapie.

Ausbildungskurse

Ingo Michael Simon bietet regelmäßig Ausbildungskurse zu verschiedenen Therapieformen und Themen an. Aktuelle Informationen und Termine finden Sie auf seiner Homepage www.praxissimon.de.

Trancegeschichten

für Lebenshilfe und Therapie

Band 1

von Ingo Michael Simon

Trancegeschichten
für Lebenshilfe und Therapie

© 2015 - I. M. Simon

ISBN: 978-3-7347-4828-8
Herstellung und Verlag:
BoD - Books on Demand, Norderstedt
Alle Rechte liegen beim Autor.

Wichtiger Hinweis
Die Inhalte dieses Buches beruhen auf den praktischen Erfahrungen des Autors mit Hypnoseanwendungen und Psychotherapie im Zustand der Trance. Obwohl sich der Autor um größtmögliche Sorgfalt bemüht hat, können Fehler oder Missverständnisse in der Darstellung nicht vollkommen ausgeschlossen werden. Die Texte dieses Buches oder Teile davon können in therapeutische Sitzungen eingebaut werden oder zur Unterstützung therapeutischer Prozesse benutzt werden. Das Buch ersetzt auf keinen Fall die sorgfältige Arbeit eines Arztes oder Heilpraktikers, kann also nicht stellvertretend oder ersatzweise für die Behandlung durch einen Therapeuten verstanden werden. Die therapeutische Arbeit mit Menschen sowie die Anwendung der Texte des Buches obliegen ausschließlich der Verantwortung des Therapeuten. Es kann nicht ausgeschlossen werden, dass Teile dieses Buches falsch verstanden werden oder der Einsatz der Texte des Buches eine ungewünschte Reaktion beim Klienten bewirken kann. Eine Mitverantwortung des Autors besteht auch dann nicht, wenn unter Hinweis auf die Ausführungen dieses Buches mit einem Klienten gearbeitet wird.

Inhaltsverzeichnis

Vorbemerkungen 7

Schatten der Vergangenheit *Angst annehmen* 16

Der Strom der Angst *Angstkontrolle* 22

Gebet gegen die Angst *Angst loslassen* 28

Licht am Wasserfall *Angst loslassen* 34

Spiegel der Erinnerung *Angsterlebnisse bewältigen* 40

Licht am Ende des Tunnels *Angst im Dunkeln* 46

Ballonfahrt *Angst vor Höhe* 52

Bahnhof der Hoffnung *Erwartungsangst* 58

Der Prüfungsraum *Prüfungsangst* 64

Wind der Vergangenheit *Panikanfälle* 70

Schlusswort 76

Vorbemerkungen

Das Land der Träume

Die Arbeit mit Trancegeschichten ist älter als die Hypnosetherapie. Märchen und Erzählungen haben eine besondere Bedeutung, die in allen Kulturen der Welt weitgehend gleich ist. Sie werden erzählt, um Angst zu vertreiben, um Ruhe zu finden und um den Kindern etwas Lehrreiches mit auf den Weg zu geben. Verpackt in eine Geschichte soll auf Gefahren aufmerksam gemacht werden, sollen Moral und Tugend aufgebaut und gefördert werden und nicht zuletzt sollen böse Geister vertrieben werden. Im Grunde genommen geht es in Märchen immer um etwas Heilsames.

Viele Trancetherapeuten wehren sich sicherlich bei der Behauptung, dass eine Trancereise ein Märchen sei. Das hat wahrscheinlich damit zu tun, dass der Trancereise oder den Trancegeschichten eine therapeutische Absicht anhaftet, was bei den Kindermärchen nicht der Fall ist. Dennoch wirkt das gleiche Prinzip. Unsere Vorstellungskraft wird gefordert. Wir versetzen uns beim Anhören immer in das Märchen oder eben in die Trancegeschichte hinein. Dabei spielt es keine Rolle, ob wir die Geschichte interessant oder albern finden. Wir gehen automatisch in die verschiedenen Figuren und Rollen hinein und machen uns ein Bild davon, was wir wohl selbst tun würden in der einen oder anderen Situation. Märchen beinhalten meistens Elemente, die nicht realistisch sind: Zauberei, Magie oder Wesen, die uns im Alltag nicht begegnen, spielen hier oft eine Rolle. Gleichzeitig ist der Kern der Geschichte doch immer sehr realistisch und gibt Anknüpfungspunkte zu unserem Leben. Die vermittelte Botschaft ist meistens eine Aufforderung, sich gut und ehrbar zu verhalten. Darauf verzichtet Therapie natürlich. Es geht ja nicht darum, einen moralisch guten Menschen zu erziehen, sondern Symptome zu lindern. Es ist jedoch das gleiche Prinzip. Trancegeschichten können Elemente oder Abläufe enthalten, die zauberhaft oder märchenhaft sind. In meinem Buch *Wellen am Horizont* gibt es beispielsweise eine Geschichte, bei der es um einen Freiheitsflug geht. In der Trancegeschichte geht das einfach, indem wir die Arme ausbreiten und fliegen. In der Fantasie ist das kein Problem. Wer hat nicht diese Fantasien, fliegen zu können, zaubern zu können?

Gleichzeitig geht es aber auch um ganz reale Probleme oder im Falle der Behandlung von Krankheiten auch um Symptome. Das Problem des Klienten wird in eine Geschichte verpackt, die ein symbolisches Spiegelbild der Thematik ist. Das wird intuitiv verstanden, so wie wir Metaphern und Vergleiche sehr leicht verstehen. Die von mir entwickelte Traumlandtherapie arbeitet nun mit ganz speziellen Märchen, genau genommen mit einer Märchenwelt, die der Klient selbst mit Leben füllt. Im Unterschied zu vielen anderen Trancegeschichten oder Fantasiereisen gibt es hier keinen vorgezeichneten Handlungsablauf und keine Figuren, denen ich Worte in den Mund lege. Meistens ist der Klient alleine im Land der Träume unterwegs und erkundet seine Emotionen und Bilder seiner Erinnerungen, um neue Wege zu finden. Manchmal trifft er auch Figuren, die in seiner Fantasie von alleine anfangen zu sprechen, ohne dass ich Inhalte oder Worte vorgebe. Die Traumlandreisen sind so aufgebaut, dass verdrängte Gefühle und Ereignisse wiederbelebt werden und auf einer tiefen Gefühlsebene verstanden und verarbeitet werden. Daher kommt die Traumlandreise auch ohne direkte oder verklausulierte Zielsuggestionen aus. Ziele und Wege findet der Klient im Land der Träume selbst. Es handelt sich also weniger um eine tatsächliche Geschichte als um eine Reise durch die eigenen Emotionen. Dabei kann der Zuhörer mehrfach die Perspektive wechseln und seine Probleme von verschiedenen Seiten her betrachten. Im Verlauf der Trancereise kann er außerdem Lösungswege ausprobieren und seine eigene Kreativität und innere Heilkraft wecken. Trancereisen regen immer zum Denken und Fühlen an, können praktisch keinen Schaden anrichten und sind leicht verfügbar. Mit etwas Fantasie können wir uns täglich neue Trancereisen ausdenken und sie unseren Klienten in der Beratung oder in der Therapie anbieten. Wenn sie sich für die Traumlandtherapie interessieren und diese gerne selbst erlernen möchten, besuchen sie mich doch einfach einmal auf der Homepage *www.traumlandtherapie.de* oder informieren sich über Kursangebote zur Traumlandtherapie auf *www.praxissimon.de.*

Sind Trancereisen immer ungefährlich?
Ich werde häufig auf meine Trancegeschichten angesprochen. In meinen Ausbildungsgruppen und von meinen Klienten höre ich immer wieder, dass die Geschichten sehr berührend sein können. Das gilt natürlich vor allem für das Zuhören. Wer die Geschichten für sich selbst lesen möchte, sollte sie auf Tonband sprechen und dann anhören. Das wirkt besser als das einfache Lesen. Ich werde dann sehr oft gefragt, worauf denn zu achten sei beim Formulieren einer Trancegeschichte, um Schäden beim Klienten zu vermeiden. Natürlich gibt es gute und weniger gute Trancereisen. Wenn es gelingt, die Trancegeschichten dieses Buches ein bisschen auf den jeweiligen Klienten anzupassen, werden sie zu ganz individuellen Reisen. Ich fordere alle Kursteilnehmer und natürlich auch alle Leserinnen und Leser dazu auf, gerade das zu tun. Nehmen Sie die Geschichten als Beispiele

oder als Grundgerüst und verändern Sie hier und da etwas. Sorgen Sie sich nicht. Sie schaden ihrem Klienten nicht mit einer Geschichte, auch nicht mit einer visualisierten Reise durch seine Emotionen und Gedanken. Doch ich kenne schon das nächste Argument: Was helfen kann, kann auch schaden. Wer hilft, verändert ja etwas. Also kann auch eine negative Veränderung eintreten.

Ich bleibe stur. Trancegeschichten sind keine Tricksuggestionen, die den Klienten manipulieren sollen. Es ist immer hilfreich, die eigenen Stimmungen und Gedanken anzuschauen und damit umzugehen. Natürlich werden Trancereisen nicht einfach nur vorgelesen. Berater, Geistheiler oder Therapeuten sind als Ansprechpartner da, sie greifen die Gefühle und die Äußerungen der Klienten auf und helfen ihnen, diese zum Ausdruck zu bringen. Wir geben unseren Klienten Raum, da zu sein und sich zu öffnen. Ich versichere ihnen, dass das Gegenteil viel dramatischer ist: Schweigen, Ablenken und nicht darüber reden oder nicht einmal an die Probleme denken. Das führt zu einem immer größer werdenden inneren Druck, der die Problematik verschlimmert. Jedes Sprechen über Probleme und Themen eines Menschen, sofern es frei von Aufforderungen, Anweisungen und Kommandos oder gar Schuldzuweisungen und Moralpredigten ist, hilft beim Verstehen und Bewältigen von Krisen und Krankheiten und beim Neuanfang.

Wie können die Geschichten eingesetzt werden?
Jede Geschichte beginnt mit einem kleinen Einleitungsteil, den ich kursiv und in Klammern dem eigentlichen Trancetext vorangestellt habe. Wenn Sie eine Fantasiereise zur Entspannung vorlesen oder um einen Menschen das betreffende Thema betrachten zu lassen, ohne vorher mit ihm therapeutisch gearbeitet zu haben, sollten Sie diese Einleitung vorlesen. Jeder Tagtraum dieses Buches, auch so kann eine Trancegeschichte genannt werden, dauert ca. zehn bis fünfzehn Minuten, je nach Lesetempo. Ich habe das ganz gezielt so gewählt, damit die Trancereisen auch in therapeutische oder Beratungssitzungen eingebaut werden können. Dort eignen sie sich zum Abschluss oder als integrierter Teil einer Sitzung, die bei den meisten Therapeuten fünfundvierzig bis neunzig Minuten dauert.

Im Text habe ich Lücken gelassen, die ich mit Pünktchen ausgefüllt habe … … Diese sollen den Lesefluss verlangsamen. Es ist wichtig, nicht zu schnell zu lesen, um dem Zuhörer und seinem Unterbewusstsein Gelegenheit zu geben, das Gehörte nachzuempfinden und eine bildhafte Vorstellung dazu zu entwickeln. Lassen Sie ruhige Instrumentalmusik im Hintergrund laufen. Das erleichtert die Entspannung und erhöht die Wirkung der Trancegeschichten.

Ich verzichte auf eine theoretische Erklärung der Wirkungsweise von Trancegeschichten und darüber, welche Wörter man benutzen oder lieber weglassen sollte, wenn man solche Geschichten schreibt oder frei formuliert. Probieren Sie die Tagträumereien einfach einmal aus und versuchen Sie doch einmal nach einiger Zeit, selbst eine Fantasiereise zu schreiben. Sie werden sehen, dass es vor allem auf die liebevolle und zärtliche Grundhaltung beim Formulieren und beim Lesen oder Sprechen ankommt, auf Respekt und ehrliche Akzeptanz. Das ist dann schon mehr als genug, um eine gute und auch therapeutische Wirkung zu erzielen.

Wie erfolgte die Auswahl der Themen und Texte des Buches?

Die Bücher der vorliegenden Reihe enthalten jeweils zehn Trancegeschichten zu einem ausgewählten Thema. Dabei dienen die ersten fünf Geschichten der grundsätzlichen Betrachtung des eigenen Standpunktes und des eigenen Potenzials. Die weiteren Trancegeschichten behandeln spezielle Ausprägungen und Varianten des Themas. Ich habe versucht, jeweils Themen und Schwerpunkte auszuwählen, die häufig in der Praxis von Beratern und Heilpraktikern vorkommen. Es versteht sich von selbst, dass eine Behandlung durch einen Arzt oder Heilpraktiker nicht durch Trancereisen ersetzt werden kann. Sie können aber helfen, die inneren Kräfte zu mobilisieren, um Veränderungs- oder Heilungsprozesse zu unterstützen. Die Trancegeschichten können also von Therapeuten oder von Lebensberatern benutzt werden und in die Sitzungen mit Klienten eingebaut werden. Natürlich kann auch jeder Laie die Geschichten vorlesen und damit helfen. Lassen sie einfach etwas ruhige Instrumentalmusik laufen und lesen sie etwas langsamer und auch leiser als sie normalerweise sprechen. Probieren sie es aus und sehen Sie selbst, wie einfach das ist. In meiner Praxis nehme ich die frei gesprochenen Trancereisen immer auf, indem ich ein digitales Diktiergerät mitlaufen lasse und meinen Klienten dann eine Audio-CD brenne, die sie direkt mitnehmen können. So können sie die Trancereise immer wieder anhören und immer neue Facetten ihrer Probleme betrachten, verschiedene Lösungsideen entwerfen und schließlich neue Wege beschreiten. Beachten sie bitte bei Tonaufnahmen die Lizenzierung der benutzten Musik. Das ist urheberrechtlich vorgeschrieben und es gebietet die Fairness dem Komponisten gegenüber.

Bei der Behandlung psychischer und psychosomatischer Beschwerden oder Krankheiten arbeite ich mit einer ausdifferenzierten Struktur und Schrittfolge der Fantasiereisen. Wenn Sie sich für die therapeutische Arbeit mit Fantasiereisen und für mein Therapiekonzept in fünf Schritten (5 Sitzungen) interessieren, dann besuchen Sie mich doch einfach auf der Homepage der Traumlandtherapie (www.traumlandtherapie.de) oder meiner Praxis (www.praxissimon.de). Außerdem finden Sie in der Buchreihe *Im Land der Träume* jeweils fünf therapeutische Fantasiereisen zu zwei Themen. In dieser Reihe sind die Fantasiereisen nach der Struktur meiner eigenen psychotherapeutischen Arbeit aufgebaut. Ich bilde Sie auch gerne zum zertifizierten Traumlandtherapeuten aus.

Und nun wünsche ich Ihnen viel Spaß mit den Fantasiereisen und angenehme Tagträume!

Schatten der Vergangenheit
Angst annehmen

> [Deine Angst ist oft wie ein drohender Schatten, der dich begleitet. Du würdest sie gerne abschütteln, doch wie ein Schatten klebt die Angst an dir als stiller Begleiter, der in bestimmten Situationen oder auch ganz überraschend zu einem lauten Bekannten wird, der die Führung gegen deinen Willen übernimmt. Wo Schatten ist, ist auch Licht, doch die Angst versperrt dir häufig den Blick darauf, raubt dir die Möglichkeit, hinter den Schatten zu blicken. Heute aber wollen wir gemeinsam versuchen, nicht nur dem Schatten deiner Angst zu begegnen, sondern dahinter zu blicken, heute ohne Angst.]

Atme tief ein und langsam und lange aus … … Stell dir vor, dass mit dem Ausatmen alle Lasten und Belastungen von dir abfallen … … Lass innere Leichtigkeit einkehren, mit jedem Atemzug ein bisschen mehr und bereite dich auf eine Reise in und durch ein besonderes Land vor, das es tief in deinem Inneren gibt … … das Land der Träume, mit all seinen Möglichkeiten und Chancen, mit der Kreativität und Schöpfungskraft deiner Fantasie … … denn alles, was in deiner Fantasie möglich ist, kann auf wundersame und besondere Art und Weise auch zur konstruktiven Wahrheit werden … … Du gehst in das Land der Träume … …

Du stehst auf einem breiten Weg und gehst einfach los ... ... Schritt für Schritt folgst du deinem Weg, der dich durch eine wunderschöne Naturlandschaft führt ... ... an blühenden Bäumen entlang, an denen hier und da schon Früchte hängen ... ... und hinter den Bäumen siehst du Kornfelder, die schon kurz vor der Ernte stehen ... ... Die Natur und die Felder befinden sich in voller Blüte und Pracht und du genießt den Duft, der von den schönen Pflanzen und von den Blüten ausgeht ... ... Du schaust nach oben, der Himmel ist hellblau ... ... ganz klar, ohne Wolken ... ... Die Sonne lacht, es ist ein schöner Sommertag oder ein Tag im frühen Herbst ... ... Der warme Wind spielt mit den Ästen der Bäume, bewegt sie hin und her und du beobachtest die Schatten der Äste am Boden ... ... Es ist so ruhig und still hier draußen, dass du immer tiefer in deinen Gedanken versinkst, immer tiefer in deinen Emotionen ruhst und alle Bilder und Eindrücke einfach auf dich wirken lässt ... ... Du gehst unbeirrt weiter, Schritt für Schritt über den breiten Weg, der durch das Land deiner Träume führt ... ... Du denkst über deine Ängste nach, erinnerst dich daran, wann du die Angst am meisten spürst ... ... in welchen Situationen sie da war oder wann sie typischerweise kommt ... ... vielleicht auch darüber, dass sie spontan und ganz überraschend auftritt, sodass du kaum noch reagieren kannst ... ... Die Bäume rechts und links des Weges werden langsam größer und sie stehen dichter zusammen ... ... Dann fällt dir auf, dass dein Weg dich in einen Wald geführt hat ... ... Du bemerkst es erst jetzt, siehst nur noch Bäume um dich herum, weil du dich bereits tief in einem Wald befindest ... ... Wald kann im Land der Träume immer nur der Wald deiner Gedanken sein ... ... mit vielen Bäumen, die für deine eigenen Gedanken stehen, für deine Überzeugungen und Glaubenshaltungen ... ... für all das eben, was in deinen Gedanken stattfindet ... ... Du schaust nach oben zu den Baumkronen, kannst das Sonnenlicht durch die Baumwipfel sehen ... ... Dann richtest du deinen Blick auf den Boden, siehst Ausläufer der Baumwurzeln ... ... herab gefallene Äste und Blätter der Bäume, die sich am Boden zu einem weichen Teppich verbinden ... ... Hier und da kannst du auch Schatten der Bäume erkennen ... ... dicke Schatten, die die Stämme werfen und viele dünnere, die von Ästen und Blättern stammen ... ... Doch meistens sind es nur Bruchstücke von Schatten oder eben ganz viele, die übereinander liegen ... ... kaum noch möglich zu bestimmen, welcher Ast welchen Schatten wirft oder welcher Schatten von welchem Baum kommt ... ... Du setzt deinen Weg fort, um aus dem Dickicht des Waldes herauszutreten und wieder in der Sonne zu stehen ... ... Du gehst also schneller, beeilst dich und kommst am

Waldrand an … … Schließlich führt dich dein Weg aus dem Wald heraus auf eine große Wiese … … Du gehst mitten auf diese Wiese und stehst in der leuchtenden Sonne … … Du breitest die Arme aus und genießt die Wärme und den frischen Wind … … Der einzige Schatten, den du hier erblicken kannst, ist dein eigener Schatten … … Er liegt hinter dir … … Also drehst du dich, doch ganz gleich in welche Richtung du dich wendest, der Schatten bleibt hinter dir … … denn dieser Schatten ist nicht einfach ein Schattenwurf, der vom Sonnenlicht produziert wird … … Es ist der Schatten deiner Angst, der dich stets begleitet … … Doch du bist im Land der Träume und hier ist viel mehr möglich als in deinem wachen Alltag … … Hier kann dein Schatten sich bewegen, genau so wie du … … und plötzlich tritt dein Schatten nach vorne, steht wie eine andere Person vor dir, eine graue Gestalt, die sich dir als Schatten der Angst vorstellt … …

… … Du fragst den Schatten, warum er dich begleitet, welche Funktion er eigentlich hat und warum er dir dieses Gefühl der Angst bereitet … … Du fragst ihn, ob er nicht einfach weggehen kann … … In diesem Moment wird der Schatten heller, steht als weiße Schattengestalt vor dir und sagt: „So einfach ist es nicht, denn ich bin ein Teil von dir" … … Dann erklärt dir der Schatten, dass er genau der Teil von dir ist, der immer zurück blickt, der das festhält, was längst vergangen ist … … weil es Erlebnisse in deiner Vergangenheit gab, die dir Angst gemacht haben … … vielleicht schon viele Jahre zurück … … und diese Ereignisse oder auch ein einziges, ganz besonderes Ereignis, hat dich so verunsichert, dass du auch heute oft ängstlich bist oder große Angst hast … … Dann überlegst du dir, was du tun kannst, um diesen Schatten der Angst nicht mehr mit dir zu tragen … … Du fragst die Schattengestalt, was du tun kannst … … „Lass mich da sein" sagt die weiße Schattengestalt … … „Solange du gegen mich kämpfst und versuchst, dich zur Sonne zu drehen, kann ich nur hinter dir sein und zurück blicken … … Versuch doch, mich da sein zu lassen, mich zu begrüßen, wenn du mich spürst, denn dann kann ich als weißer Schatten an deine Seite treten und mit dir nach vorne schauen" … … Dann überlegst du dir, dass dein verzweifelter oder gar erbitterter Kampf gegen die Angst vielleicht gar nicht nötig ist … … Du überlegst dir, deine Angst willkommen zu heißen, auch und gerade dann, wenn sie dich am meisten belastet und stört … … Du vertraust darauf, dass du den Kampf gegen die Angst beenden kannst und damit die Angst bzw. die Kraft, die in ihr steckt, zu deinem Verbündeten wird … … Also fängst du im Land der Träume damit an … … Du lädst den weißen Schatten dazu ein, mit dir und an deiner Seite durch das Land der Träume zu reisen ... ... durch das Land deiner Fantasie und Kreativität ... ... Hand in Hand mit der Angst, die dich hier und heute, im Land deiner Träume, überhaupt nicht erschrecken kann ... ... denn sie steht nicht hinter dir im Verborgenen, sondern offen neben dir und wenn du willst, kannst du sie sogar konfrontieren ... ... Dann gehst du weiter durch die Sonne mit der Angst an deiner Seite ... ... und mit jedem Schritt erlaubst du ihr mehr, da zu sein, so wie sie ist ... ... und mit jedem Schritt wird der Schatten, der dich begleitet, blasser ... ... bis er sich ganz auflöst ... ... dann denkst du darüber nach, dass das Land der Träume ganz tief in dir drin ist ... ... dort war es schon immer ... ... Ich erzähle dir nur davon ... ...

[Erlaube dir noch für einen Augenblick die Ruhe zu spüren, bevor du dich auf das Wachwerden einstellst. Im Einklang mit deinen Gefühlen und Stimmungen kannst du darauf vertrauen, dass eine konstruktive und befreiende Entwicklung tief in dir in Gang gesetzt worden ist und auch nach der Rückkehr in deinen wachen Alltag fortdauert. Lass auch das Gefühl der Verbundenheit von Emotionen, Geist und Körper da sein und schenke dir selbst Achtsamkeit und Aufmerksamkeit. Orientiere dich dann in den Raum hinein, in dem du dich befindest und komm zurück in deinen wachen Alltag. Öffne deine Augen, denn du bist bereits wach.]

Der Strom der Angst
Angstkontrolle

> *[Du kennst die Angst und den Sog, den sie ausübt. Wenn sie losgeht, ist sie oft wie ein unaufhaltsamer, reißender Fluss. Wie ein Strom, der dich mitreißt oder einfach über dich hinweg geht. Dann fühlst du dich ausgeliefert und machtlos, wartest ab, bis der Strom der Angst wieder schwächer wird und du dich befreien kannst. Äußerlich kannst du der Angst nicht entfliehen, doch vielleicht gelingt es dir immer besser, tief in deinem Innern, in der Welt deiner Gefühle wieder Kontrolle zu erlangen. Kontrolle über die Angst, noch bevor sie so reißend wird, dass du sie nicht mehr stoppen kannst.]*

Atme tief ein und langsam und lange aus … … Stell dir vor, dass mit dem Ausatmen alle Lasten und Belastungen von dir abfallen … … Lass innere Leichtigkeit einkehren, mit jedem Atemzug ein bisschen mehr und bereite dich auf eine Reise in und durch ein besonderes Land vor, das es tief in deinem Inneren gibt … … das Land der Träume, mit all seinen Möglichkeiten und Chancen, mit der Kreativität und Schöpfungskraft deiner Fantasie … … denn alles, was in deiner Fantasie möglich ist, kann auf wundersame und besondere Art und Weise auch zur konstruktiven Wahrheit werden … … Du gehst in das Land der Träume … …

Du stehst auf einer Hochebene und dein Blick geht weit in die Ferne ... ... Du kannst das ganze Traumland von hier aus überblicken, kannst alles erkennen und beobachten, was an der Oberfläche der Natur zu sehen ist ... ... Berge und Täler durchziehen das Land ... ... Felder und blühende Wiesen kannst du erblicken ... ... und wunderschöne Flüsse und Seen ... ... und gleichzeitig hörst du das Geräusch von fließendem Wasser, das du nicht zuordnen kannst ... ... Die Flüsse, die du sehen kannst, sind so weit entfernt, dass du sie nicht so deutlich hören könntest ... ... Es muss einen Fluss ganz in deiner Nähe geben ... ... einen, den du noch nicht erblicken kannst ... ... Du schaust dich um, versuchst diesen Fluss zu finden ... ... Dann fällt dir auf, dass du direkt am Rande eines tiefen Tales stehst, direkt an der Kante ... ... Du hattest es nicht bemerkt, weil du so weit nach vorne geschaut hast, so weit nach draußen geblickt hast ... ... immer in die Ferne gesehen hast ... ... Jetzt richtest du deinen Blick aber ganz in deine Nähe, schaust in deiner unmittelbaren Umgebung nach unten ... ... Dein Blick geht in die Tiefe ... ... in dieses Tal, das direkt vor dir liegt ... ... Es ist sehr tief und es ist dunkel ... ... so dunkel, dass du nicht bis ganz hinunter blicken kannst ... ... doch dort in der Tiefe muss es einen Fluss geben, einen mächtigen Fluss ... ... Du beschließt also, in das Tal hinab zu steigen, um den Fluss zu finden … … Du entdeckst einen schmalen Pfad, der ins Tal führt und sofort machst du dich auf den Weg … … Du folgst dem Pfad in das Tal, steigst in die dunkle Tiefe hinab … … immer tiefer mit jedem Schritt, mit jedem Augenblick … … Du kommst zu einem Schild, das tiefer in das Tal zeigt … … Auf dem Schild steht „Strom deiner Angst" … … Der Fluss ist also ein mächtiger Fluss, ein Strom … … der Strom deiner Angst in der Tiefe des Tales … … ein Fluss ganz im Dunklen und im Verborgenen … … doch dein Weg führt dich genau dorthin … … Schritt für Schritt gehst du tiefer in das Tal … … folgst dem Pfad, der dich dorthin führt … … und du bemerkst plötzlich, dass es mit jedem Schritt in die Tiefe heller wird … … Das Tal wird immer besser durchleuchtet, wenn du tiefer hinein gehst … … so als würdest du eine Laterne mit dir tragen, die so hell wie die Sonne ist … … und langsam wird auch das Geräusch des Wassers deutlicher … … Du kommst dem Strom deiner Angst näher … … und dabei bist du vollkommen gelassen und ruhig … … fühlst dich wohl und genießt deinen Ausflug in die Tiefe des Traumlandes … … in die Tiefe deiner eigenen Stimmungen und Emotionen … … Du kommst schließlich im Tal an, das vollkommen hell erleuchtet ist … … Du siehst dich im Tal um … … Es ist ein weites Tal, viel größer und schöner als du dachtest … … Du stehst auf einem weichen, bequemen Boden aus grünem Moos … … Hier gibt es außerdem Bäume mit reifen, süßen Früchten … … Alles wächst und gedeiht und es sieht aus, als würde die Sonne hier immer scheinen … … Nur von oben hat alles so dunkel ausgesehen … … hier unten in der Tiefe des Tales ist alles sonnig und hell … … Du näherst dich dem Strom der Angst, kannst ihn hören und jetzt auch sehen … … ein mächtiger Fluss mit schäumendem Wasser … … Du gehst ganz nah ans Ufer … … Dann denkst du darüber nach, dass du deine Angst oftmals so erlebt hast … … so stark wie dieser mächtige Fluss … … so reißend wie das schäumende Wasser, das alles mit sich reißt, was mit ihm in Berührung kommt … … Du konntest nicht ausweichen, wenn die Angst aufkam … … es war als wärst du in das kalte Wasser gesprungen … … oder hinein gefallen … … oder auch hinein gestoßen worden … … und dann mitgerissen worden … … Doch heute ist es anders … … tief im Tal, am Ufer des Stromes deiner Angst, kannst du ganz beruhigt stehen bleiben und das Fließen beobachten … … Du schaust auf den Fluss und siehst Treibholz auf dem Wasser … … Baumstämme, die vom Fluss getragen werden … … Bruchstücke von Booten, die gekentert sind … … vielleicht Zäune, die im Hochwasser mitgerissen wurden … … und du erinnerst dich an Situationen in deinem Leben, in denen du dich genau so gefühlt hast wie Treibholz auf einem Fluss … … zerbrochen und mitgerissen im Sog der Angst … … Doch im Land der Träume hast du mehr Möglichkeiten als in deinem wachen Alltag … … hier gibt es keine Naturgesetze, die dich aufhalten könnten … … Hier könnte nur die Grenze deiner eigenen Fantasie und Kreativität dich aufhalten … … Also konzentrierst du dich auf das Fließen des Angststromes, du versuchst die Kraft und die Energie des Stromes zu fühlen und ganz ruhig zu bleiben … … So wird im Land der Träume deine Ruhe zur Ruhe des Stromes … … und vor deinen Augen wird der Fluss langsamer … … aus weiß schäumendem Wasser wird schnell fließendes klares Wasser … … Du bleibst ruhig und atmest gleichmäßig, fühlst die Ruhe in dir in diesem Augenblick und der Strom wird noch langsamer … … mit jedem ruhigen Atemzug wird der Fluss ebenfalls ruhiger, so wie du … … und langsamer … … bis er ganz langsam fließt … … ganz langsam … … ein ruhiger Fluss der Angst, der zum Fluss der Unsicherheit wird … … viel weniger bedrohlich als noch zuvor … … Doch du kannst noch viel mehr … … Du kannst den Strom sogar anhalten … … einfach so, mit der Kraft deiner Gedanken … … mit deiner Konzentration und Ruhe … … Du bist ruhig und gelassen und atmest gleichmäßig ein und aus … … und der Fluss der Angst bleibt stehen … … Du hältst ihn einfach an

… … mit der Kraft deiner Gedanken … … mit deiner Fantasie … … mit deiner Vorstellungskraft … … heute hier im Land der Träume und morgen vielleicht schon in deinem wachen Alltag … … oder übermorgen … … oder an jedem einzelnen Tag für einen kurzen Moment, der dann von Tag zu Tag länger wird … … bis der Strom der Angst ganz deinem Willen gehorcht … … Dann setzt du dich ans Ufer um dich auszuruhen … … Der Fluss bleibt vollkommen ruhig, weil du es so willst … … Du schließt die Augen und konzentrierst dich ganz und gar auf dein Gefühl … … Du machst dir noch einmal klar, dass das Land der Träume ganz tief in dir drin ist … … Dort war es schon immer … … Ich erzähle dir nur davon …

[Erlaube dir noch für einen Augenblick die Ruhe zu spüren, bevor du dich auf das Wachwerden einstellst. Im Einklang mit deinen Gefühlen und Stimmungen kannst du darauf vertrauen, dass eine konstruktive und befreiende Entwicklung tief in dir in Gang gesetzt worden ist und auch nach der Rückkehr in deinen wachen Alltag fortdauert. Lass auch das Gefühl der Verbundenheit von Emotionen, Geist und Körper da sein und schenke dir selbst Achtsamkeit und Aufmerksamkeit. Orientiere dich dann in den Raum hinein, in dem du dich befindest und komm zurück in deinen wachen Alltag. Öffne deine Augen, denn du bist bereits wach.]

Gebet gegen die Angst
Angst loslassen

> *[Du hast dir schon oft gewünscht, dass die Angst einfach fortgehen möge. Du hast gegen sie gekämpft, hast versucht sie zu vertreiben. Vielleicht hast du sie auch manchmal versucht zu begrüßen und sie zu umarmen, den Teil von dir, der diese Angst hat, anzunehmen. Du hast viel versucht, doch die Angst ist noch nicht gegangen. Vielleicht gibt es einen Grund, warum sie dich noch begleitet, doch auch den hast du wahrscheinlich schon versucht zu finden, kennst ihn vielleicht. Und dennoch ist es an der Zeit, einen weiteren Schritt zu gehen, etwas zu unternehmen, um die Angst zu überwinden.]*

Atme tief ein und langsam und lange aus … … Stell dir vor, dass mit dem Ausatmen alle Lasten und Belastungen von dir abfallen … … Lass innere Leichtigkeit einkehren, mit jedem Atemzug ein bisschen mehr und bereite dich auf eine Reise in und durch ein besonderes Land vor, das es tief in deinem Inneren gibt … … das Land der Träume, mit all seinen Möglichkeiten und Chancen, mit der Kreativität und Schöpfungskraft deiner Fantasie … … denn alles, was in deiner Fantasie möglich ist, kann auf wundersame und besondere Art und Weise auch zur konstruktiven Wahrheit werden … … Du gehst in das Land der Träume … …

Das Land der Träume sieht so aus, wie du es dir am besten vorstellen kannst ... ... Da sich jeder Mensch ein traumhaftes Land oder besser noch sein eigenes Traumland vorstellen kann, kannst auch du das und lässt ein Bild vor deinem inneren Auge entstehen ... ... ein Bild von dem schönste Land, das es geben könnte ... ... Lass Schritt für Schritt die Bilder entstehen, die sich dir zeigen oder aufdrängen ... ... oder solche, die du dir Schritt für Schritt selbst konstruierst ... ... Schau auch nach oben in den Himmel, der sich über dem Land ausbreitet ... ... der Himmel ist wunderschön, hellblau und ohne Wolken ... ... Die Sonne lacht und sendet ihre wärmenden Strahlen zur Erde ... ... Du spürst die wärmende Strahlung der Sonne auf deiner Haut und genießt die Schönheit des Tages ... ... Hier fühlst du dich frei und unbeschwert ... ... ohne Angst und ohne Angst vor der nächsten Angst ... ... Du bist innerlich ruhig und entspannt und denkst darüber nach, dass genau dieser Zustand zur Selbstverständlichkeit in deinem Leben werden soll ... ... oder wieder zur Selbstverständlichkeit ... ... weil es früher so war ... ... weil du früher nur in wirklich gefährlichen Situationen Angst hattest ... ... in Situationen, in denen du die Angst gebraucht hast, um vorsichtig zu sein und dich selbst zu schützen ... ... Vielleicht gibt es ja hier im Land der Träume eine Kraft, die dir helfen kann ... ... eine Kraft, die mehr Einfluss hat als dein Wille oder dein Verstand, die beide sehr mächtig sind, doch eben auch begrenzt … … Eine solche Kraft willst du heute darum bitten, dir zu helfen auf deinem Weg der Befreiung von der Angst … … Schau dich also um bis du am Horizont ein kleines Licht findest … … wie eine Kerze, die leuchtet … … und wenn du das Licht gefunden hast, geh los … … geh dorthin, wo das Licht leuchtet … … Lass dir Zeit, du wirst es gleich sehen, denn es ist bereits da … … Du findest es … … *[Geben Sie dem Zuhörer etwa zehn Sekunden Zeit, dann lesen Sie weiter]* … … Geh jetzt los … … geh zu dem weißen Licht, das du am Horizont siehst … … Schritt für Schritt … … und mit jedem Schritt siehst du das Licht deutlicher … … es geht von einer brennenden Kerze aus … … Du kannst sie schon besser erkennen … … eine brennende Kerze, die auf einem steinernen Tisch steht, der aussieht wie ein Altar … … Du kommst schließlich dort an und gehst ganz nah an diesen Altar heran … … In seiner Mitte steht die brennende Kerze, die ein wunderschönes, warmes Licht ausstrahlt und rund um die Kerze liegen zarte Blütenblätter von roten Rosen … … Wenn du an Gott oder an einen Schöpfer glaubst, dann erinnert dich der Altar vielleicht an das Beten … … Beten als Verbindung zu einer höheren Kraft, die dir helfen kann … … Doch vielleicht hast du keinen Glauben oder keine Religion, der du folgen kannst ... ... vielleicht glaubst du an eine andere Kraft, die über uns Menschen steht, die du aber nicht Gott nennen würdest ... ... oder du glaubst an das Schicksal ... ... an Vorsehung ... ... möglicherweise an Karma ... ... oder du glaubst an einen Schutzengel oder einen Geistführer, der dir helfen könnte ... ... Vielleicht glaubst du auch an die Natur oder einfach an eine ganz tiefe Kraft in dir selbst, die du nicht immer abrufen kannst ... ... An irgendetwas glaubt wahrscheinlich jeder Mensch, also auch du ... ... Was oder wer auch immer es ist, an den du glauben kannst, hier im Land der Träume bist du ihm näher als in deinem wachen Alltag ... ... denn im Land der Träume bist du ganz tief in der Welt deiner eigenen Gefühle ... ... also ganz nah bei dir selbst ... ... und nah bei dem zu sein, woran wir glauben, geht nur dann, wenn wir auch nah bei uns selbst sind ... ... Daher ist das Land der Träume ein Ort, an dem du beten kannst ... ... oder, wenn es dir lieber ist, wünschen kannst, was geschehen soll ... ... auch im Wünschen wendest du dich einer besonderen Kraft zu, die nicht in deinem Verstand oder in deinem Willen liegt, sondern außerhalb dieser Instanzen ... ... Also sprichst du ein Gebet zum Loslassen deiner Angst ... ... Du sagst ... ... Lieber Gott ... ... oder lieber Schutzengel des Traumlandes ... ... lieber Geistführer ... ... liebes Schicksal ... ... oder liebe Kraft tief in mir ... ... Hilf mir doch bitte auf dem Weg aus meiner Angst heraus … … Hilf mir hier und heute, wenn es hier und heute tatsächlich schon geht, meine Angst loszulassen und frei zu werden … … In dem Gefühl der Freiheit kann ich dann schon heute wieder mit offenen Armen auf mein Leben zugehen … … oder eben so schnell es möglich ist … … Hilf mir doch bitte auch dabei, mich selbst akzeptieren zu können … … mich selbst sogar zu lieben … … auch und gerade, wenn es heute noch nicht möglich sein sollte, die Angst ganz zu überwinden … … Hilf mir bitte mit der Kraft tief in dir und mit der Kraft tief in mir … … Amen … … Du atmest tief ein … … und langsam und lange aus, um dein Gebet mit dem Wind deines Atems auf die Reise zu senden … … auf die Reise zu der Instanz, an die du glauben kannst … … und zu der Instanz, die dir am besten helfen kann und will … … welche auch immer dein Gebet erhört … … und mit deinem Ausatmen flackert die kleine Kerze auf, brennt heller als zuvor … … Sie leuchtet hell, strahlt so wunderschön, dass du ganz von dem Schein der Kerze eingehüllt wirst … … Du spürst Wärme tief in dir, die sich anfühlt wie die schönste Zuneigung und Liebe, die du in deinem Leben einst erfahren hast … … Lass dieses Gefühl der Geborgenheit und des Getragenseins ganz deutlich werden … … nimm es wahr und richte deine Achtsamkeit auf genau dieses angenehmen Gefühl tief in dir … … Du bist getragen … … Du bist angenommen … … Du bist beschützt … … Du bist befreit … … Dann findest einen bequemen Platz ganz in der Nähe des Altars … … eine weiche Decke oder ein großes Kissen … … Du machst es dir dort bequem und ruhst dich aus … … Du schließt die Augen um zu schlafen … … und während du langsam in deinen Träumen versinkst, denkst du noch einmal darüber nach, dass das Land der Träume ganz tief in dir selbst liegt … … Dort war es schon immer … … Ich erzähle dir nur davon … …

[Erlaube dir noch für einen Augenblick die Ruhe zu spüren, bevor du dich auf das Wachwerden einstellst. Im Einklang mit deinen Gefühlen und Stimmungen kannst du darauf vertrauen, dass eine konstruktive und befreiende Entwicklung tief in dir in Gang gesetzt worden ist und auch nach der Rückkehr in deinen wachen Alltag fortdauert. Lass auch das Gefühl der Verbundenheit von Emotionen, Geist und Körper da sein und schenke dir selbst Achtsamkeit und Aufmerksamkeit. Orientiere dich dann in den Raum hinein, in dem du dich befindest und komm zurück in deinen wachen Alltag. Öffne deine Augen, denn du bist bereits wach.]

Licht am Wasserfall
Angst loslassen

> *[Die Angst loszulassen ist gar nicht immer so einfach. Du würdest sie sofort für immer loslassen, wenn du wüsstest wie. Es fühlt sich oft so an, als hinge sie an dir fest oder aber du hältst sie fest. Vielleicht stimmt ja auch keine der beiden Sichtweisen, vielleicht ist die Angst wie ein Begleiter und beide, Die Angst und du haben noch keinen anderen Weg gefunden als eben den gemeinsamen. Deine Vorstellungskraft kann dir helfen, einen neuen Weg einzuschlagen, in deiner Fantasie, im Land der Träume. Manchmal geht es dort über eine sehr einfache Vorstellung, die Angst abzugeben.]*

Atme tief ein und langsam und lange aus … … Stell dir vor, dass mit dem Ausatmen alle Lasten und Belastungen von dir abfallen … … Lass innere Leichtigkeit einkehren, mit jedem Atemzug ein bisschen mehr und bereite dich auf eine Reise in und durch ein besonderes Land vor, das es tief in deinem Inneren gibt … … das Land der Träume, mit all seinen Möglichkeiten und Chancen, mit der Kreativität und Schöpfungskraft deiner Fantasie … … denn alles, was in deiner Fantasie möglich ist, kann auf wundersame und besondere Art und Weise auch zur konstruktiven Wahrheit werden … … Du gehst in das Land der Träume … …

Du stehst in einem Garten, umgeben von rankenden Blumen ... ... Du siehst die schönsten Blumen, die du dir vorstellen kannst, in vielen verschiedenen Farben ... ... Du nimmst mit einem tiefen Atemzug den Duft der Blumen auf ... ... und mit deinen Fingerspitzen berührst du zarte Blütenblätter, die du mit den Händen erreichen kannst ... ... und gleichzeitig gehst du los ... ... spazierst durch den Garten ... ... Du bemerkst, dass du auf einem Pfad gehst, der durch den Garten führt ... ... Er windet sich durch die Beete und zwischen den Bäumen hindurch und bahnt dir deinen Weg durch diesen schönen Garten ... ... Du gehst diesen Pfad und streckst die Hände zu beiden Seiten, um die Blüten, an denen du vorüber gehst, zu berühren ... ... es ist so friedlich und schön hier, dass du die anstrengenden Gedanken des Alltages langsam loslässt ... ... Alle Sorgen und alle Befürchtungen verlieren sich allmählich im Duft der Blumen ... ... selbst die Vorstellung der Angst und die Gedanken, die sich noch mit ihr beschäftigen, lösen sich in den Farben der Blütenblätter langsam auf ... ... Je tiefer du in den Garten gehst, desto leichter wird es auch in deinen Gedanken ... ... Schritt für Schritt gehst du über den Pfad durch und immer tiefer in diesen schönen Garten ... ... begleitet von der Farbenpracht der leuchtenden Blüten ... ... begleitet von dem Duft, der dich umgibt ... ... jetzt ist gar nichts mehr wichtig … … jetzt kommt es nur noch darauf an, in diesem schönen Garten zu sein und dort zu verweilen … … und plötzlich hörst du das Geräusch von fließenden Wasser … … ein sanftes Rauschen, das sich anhört wie der Klang eines Brunnens … … Du kommst zu einem kleinen Wasserfall … … Das klare Wasser fällt von einem Felsen einige Meter tief in einen großen, gemauerten Brunnen … … und vom Brunnen aus fließt ein kleiner Bachlauf weiter durch den Garten und bringt das frische Wasser überall zu den Pflanzen des Gartens … … Du gehst ganz nah an den Brunnen heran, schaust dem klaren und frischen Wasser des kleinen Wasserfalls zu, beobachtest das Sprudeln des Wassers, dort wo der Wasserfall auf die Oberfläche des Brunnens trifft … … Du machst es dir ganz bequem, setzt dich auf die Mauer des Brunnens und beobachtest das funkelnde Wasser, in dem sich deine Gedanken verlieren … … Du erinnerst dich daran, dass du deine Angst so lange schon loslassen wolltest oder sie loswerden wolltest … … Jetzt, in diesem Augenblick am Brunnen, fühlst du dich wohl … … spürst keine Angst … … kannst dir nur noch sehr schwer vorstellen, dass sie jetzt möglich wäre … … denn hier ist alles so friedlich und ruhig … … so ausgeglichen und entspannt fühlst du dich hier, dass du dich gar nicht fürchten kannst … … Dann entdeckst du ein kleines Licht hinter dem Wasserfall ... ... Es leuchtet golden ... ... wie eine Kerze mit einer goldenen Flamme, die hinter dem Wasserfall steht ... ... und dieses kleine goldene Licht bewegt sich, es scheint von einer gläsernen Kugel umgeben zu sein und zu schweben ... ... Die Lichtkugel kommt auf dich zu ... ... schwebt durch das herabfallende Wasser, ohne vom Wasser abgelenkt zu werden ... ... Das Wasser des Wasserfalls scheint sich vorsichtig und achtsam um die Lichtkugel zu bewegen, ohne sie zu berühren ... ... Du schaust zu der schwebenden Kugel, die aus ihrem Inneren heraus golden leuchtet ... ... Die Kugel schwebt zu dir ... ... Du streckst deine Hand aus und die goldene Kugel landet sanft auf deiner Hand ... ... Sie ist so leicht wie eine Seifenblase ... ... und im Kontakt mit deiner Hand fängt das goldene Licht in der Kugel an, immer stärker zu leuchten ... ... das goldene Licht der Schöpfungskraft, die in allem existiert, das lebt ... ... Du atmest tief ein und aus ... ... und mit jedem Einatmen strömt das goldene Licht mit deiner Atemluft in deinen Körper ... ... Das goldene Licht ist wie ein Nebel, den du beim Einatmen zu dir hin ziehst und einatmest ... ... Du atmest also weiter tief ein ... ... *[im Atemrhythmus des Klienten bitte!]* ... ... und langsam und lange aus ... ... tief ein ... ... und langsam und lange aus ... ... und mit jedem Einatmen strömt goldenes Licht in deinen Körper und breitet sich in dir aus ... ... Du

spürst die Wärme und die Kraft des goldenen Lichtes tief in dir ... ... Die Kraft der Schöpfung, die du einatmest, hilft dir, jede Angst und Sorge tief in dir zu lösen und auszuatmen ... ... *[unbedingt im tatsächlichen Atemrhythmus des Klienten fortfahren]* ... ... Du atmest Schöpfungskraft ein ... ... und Angst atmest du aus ... ... Du atmest Schöpfungskraft ein ... ... und Angst atmest du aus ... ... Das goldene Licht durchströmt dich immer mehr ... ... bis dein Körper von innen heraus golden strahlt ... .. wie eine Laterne leuchtet dein Körper und strahlt wunderschönes goldenes Licht aus ... ... Du atmest Schöpfungskraft ein ... ... und Angst atmest du aus ... ... und tief in dir kannst du die Befreiung spüren ... ... Du fühlst, wie die Gefühle der Angst sich verändern in Gefühle der Sicherheit und Geborgenheit ... ... Du spürst, wie die Gedanken der Angst deinen Körper mit dem Ausatmen verlassen ... ... und an die Stelle der Angst tritt goldenes Licht, das dir Gefühle von Sicherheit und Geborgenheit schenkt ...
... Du setzt die Kugel mit dem goldenen Licht auf die Oberfläche des Wassers im Brunnen, weil du genug davon aufgenommen hast ... ... Die Kugel schwimmt langsam über das Wasser und strahlt noch immer wunderbar helles, goldenes Licht aus ... ... Das ganze Wasser wird von dem goldenen Licht durchströmt bis das Wasser des Brunnens aussieht wie flüssiges Gold ... ... und der kleine

Bachlauf, der im Brunnen entsteht, trägt das goldene Wasser durch den Garten, versorgt alle Pflanzen des Gartens mit goldenem Licht ... ... Du schaust zu den Pflanzen, die ihre Blüten zum Himmel recken ... ... Jede Pflanze, die von dem goldenen Licht erfasst wird, hebt ihre Blüten zum Himmel ... ... und auch du schaust in den Himmel des Traumlandes ... ... Dann fällt es dir wieder ein ... ... Das Land der Träume ist ja tief in dir selbst ... ... Dort war es schon immer ... ... Ich erzähle dir nur davon ... ...

[Erlaube dir noch für einen Augenblick die Ruhe zu spüren, bevor du dich auf das Wachwerden einstellst. Im Einklang mit deinen Gefühlen und Stimmungen kannst du darauf vertrauen, dass eine konstruktive und befreiende Entwicklung tief in dir in Gang gesetzt worden ist und auch nach der Rückkehr in deinen wachen Alltag fortdauert. Lass auch das Gefühl der Verbundenheit von Emotionen, Geist und Körper da sein und schenke dir selbst Achtsamkeit und Aufmerksamkeit. Orientiere dich dann in den Raum hinein, in dem du dich befindest und komm zurück in deinen wachen Alltag. Öffne deine Augen, denn du bist bereits wach.]

Spiegel der Erinnerung
Angsterlebnisse bewältigen

[Du hast lange Zeit immer wieder schwere Angstzustände erlebt, hast am eigenen Leib gespürt, wie anstrengend das sein kann, immer wieder in der Angst fest zu hängen. Inzwischen hast du gelernt mit der Angst zu leben oder mit der Möglichkeit, Angst noch einmal zu erleben. Du hast die Kontrolle zurück gewonnen, hast die Angst besiegt. Oftmals hattest du in Zeiten der Angst nicht ausreichend Gelegenheit, das Erlebte zu verarbeiten, weil der Alltag dich wieder gefordert hat und du gehofft hattest, dass die Angst für immer beendet wäre. Heute willst du anschauen, was bisher liegen geblieben ist.]

Atme tief ein und langsam und lange aus … … Stell dir vor, dass mit dem Ausatmen alle Lasten und Belastungen von dir abfallen … … Lass innere Leichtigkeit einkehren, mit jedem Atemzug ein bisschen mehr und bereite dich auf eine Reise in und durch ein besonderes Land vor, das es tief in deinem Inneren gibt … … das Land der Träume, mit all seinen Möglichkeiten und Chancen, mit der Kreativität und Schöpfungskraft deiner Fantasie … … denn alles, was in deiner Fantasie möglich ist, kann auf wundersame und besondere Art und Weise auch zur konstruktiven Wahrheit werden … … Du gehst in das Land der Träume … …

Du stehst auf einer alten Straße, die so aussieht wie die Straßen früher ausgesehen haben … … mit hohen Bäumen auf beiden Seiten … … Du stehst auf einer wunderschönen Allee … … Der Asphalt ist schon hier und da aufgebrochen und kleine Grashalme wachsen hindurch … … Es ist angenehm warm und ein leichter Wind weht, der sich in den Ästen der Bäume verfängt … … Du gehst über die Straße, die geradeaus führt … … Dein Blick geht zwischen den Bäumen hindurch und du erblickst hohes Gras soweit dein Blick reicht … … Hohe Grashalme, die sich im Wind wiegen … … und mit jedem Schritt verlieren sich deine Gedanken im spielenden Gras … … in den Ästen der Bäume und im sanften Wind … … Du denkst über die Angst nach, erinnerst dich daran, wie belastend sie oft für dich war … … Sie hat dir oftmals die Kraft geraubt, hat dich ganz gefangen, sodass du dich nur noch mit der Angst befassen konntest und keine Energie mehr für etwas anders hattest … … Doch dann gab es eine Veränderung … … Sie kam nicht einfach so, du hast sie dir erarbeitet … … hast dich deiner Angst gestellt … … und schließlich hast du sie auch überwunden … … hast gelernt, so mit Furcht und Angst umzugehen, dass du sie gut ertragen kannst … … im Griff halten kannst und dafür sorgen kannst, dass sie erst gar nicht so stark werden kann … … Du hast es tatsächlich geschafft und vielleicht bist du jetzt auch stolz darauf … … Dein Weg führt zu einem Wald und am Waldrand entdeckst du ein altes Haus … … eine Villa, die am Waldrand steht … … Sie siehst sehr alt aus, doch so als wäre es einst ein prächtiges und mächtiges Haus gewesen … … In die Jahre gekommen steht das alte Haus nun da, mit verschlossenen Fenstern und einer schweren hölzernen Tür … … Du gehst auf das Haus zu, durchquerst den Vorgarten … … Auch der Garten sieht aus als wäre lange niemand hier gewesen um Ordnung zu schaffen … … Er ist zugewachsen und verwuchert … … Doch der alte Weg zur Haustür ist noch breit genug um darauf zu gehen und mit Leichtigkeit zum Eingang des alten Hauses zu gelangen … … Du kommst an der Haustür an … … eine schwere, dunkle Holztür … … und über der Tür hängt ein Schild mit der Aufschrift „Haus der Angst" … … Die Tür des Hauses öffnet sich langsam … … ganz von selbst, du musst nichts dafür tun … … Sie öffnet sich lautlos und du gehst in das Haus … … Du kommst in einer großen Eingangshalle an … … Sie ist vollkommen leer … … Der Boden ist aus Marmor, die Wände mit edlem Holz verkleidet … … und von der Eingangshalle aus führt ein breiter Flur durch das Haus, das von innen noch größer ist als du dachtest … … es scheint größer zu werden mit jedem Schritt, den du gehst … … Du gehst an vielen Türen vorbei, die alle offen stehen … … Doch alle Räume sind leer ... ... Es scheint als habe hier einst eine mächtige Familie gewohnt, die ausgezogen ist ... ... Alles steht leer ... ... es gibt keine Möbel, keinen Teppich mehr, keinen Wandbehang ... ... und am Ende des langen Ganges kommst du zu einer geschlossenen Tür ... ... Dieses Zimmer ist das einzige, das geschlossen ist ... ... Du öffnest diese Tür und gehst in den Raum ... ... ein sehr großer Raum, der ebenfalls leer ist ... ... doch in der Mitte des Raumes gibt es einen großen Spiegel ... ... Du gehst auf den Spiegel zu, der ein ganz besonderer Spiegel ist ... ... der Spiegel der Erinnerung ... ... Wenn du in diesen Spiegel schaust, siehst du nicht dein Gesicht sondern deine eigenen Erinnerungen ... ... Du stellst dich also vor den Spiegel und siehst Erinnerungen deines Lebens ... ... Erinnerungen, die dir deine frühere Angst zeigen ... ... Du siehst dich selbst in einer typischen Angstsituation ... ... erlebst noch einmal als Beobachter wie das früher war, wenn die Angst da war ... ... siehst wie machtlos du warst ... ... vielleicht wie du nach Hilfe gesucht hast und niemand dich verstanden hat ... ... oder du siehst eine Situation, in der dir die eigene Angst peinlich war ... ... Du schaust dir das heute in Ruhe an, lässt die Bilder der Angst im Spiegel an dir vorüber ziehen ... ... Dann zeigt sich nach und nach ein besonderes Bild ... ... eine Szene oder eine Situation, die dir am meisten zu schaffen gemacht hatte ... ... Du erkennst sie jetzt ... ... Du erinnerst dich auch an das Gefühl, doch du bleibst dabei ruhig und gelassen ... ... und während du diese Bilder betrachtest, spürst du auch, dass du heute nicht mehr diese Angst hast ... ... dass alles in deinem Innern sich beruhigt hat und neu sortiert wurde ... ... Mit der Distanz, die du heute hast, kannst du ganz in Ruhe betrachten, was damals passiert war ... ... kannst dir das Ganze in Ruhe anschauen und vielleicht etwas erkennen, das dir damals nicht aufgefallen war ... ... Vielleicht siehst du im Spiegel auch andere Personen, die mit deiner Angst in Zusammenhang stehen ... ... sie zeigen sich vielleicht hier im Spiegel, um dir Hinweise zu geben, womit deine Angst zusammen hing ... ... lass alles, was du sehen und erkennen kannst, einfach auf dich wirken ... ... Nimm die Bilder und Eindrücke einfach an, du musst sie nicht verstehen oder analysieren ... ... annehmen genügt ... ... Ganz von alleine findet jede Emotion und jeder Gedanke dann den richtigen Weg und den richtigen Platz tief in dir ... ... und alles kommt in Ordnung ... ... Alles kommt in Ordnung, denn die Zeit der Angst ist vorbei ... ... der Rückblick im Spiegel zeigt dir, dass all das vorbei ist und du wieder nach vorne blicken kannst sobald du wieder wach wirst ... ... Konzentriere dich auf dein Bauchgefühl, dann spürst du tiefe Ruhe in dir, die sich langsam ausbreitet ...

… Ruhe in dir … … Angst ist Vergangenheit … … dann gehst zu zum Fenster und öffnest es, um frische Luft in den Raum zu lassen … … Du atmest tief ein und schaust durchs Fenster nach draußen … … Du stellst dir vor, wie schön das sein kann, nie wieder der Angst ausgeliefert zu sein und sendest diesen Wunsch tief in das Land der Träume, das Wahrheit daraus macht … … denn das Land der Träume ist tief in dir drin … … dort war es schon immer … … Ich erzähle dir nur davon … …

[Erlaube dir noch für einen Augenblick die Ruhe zu spüren, bevor du dich auf das Wachwerden einstellst. Im Einklang mit deinen Gefühlen und Stimmungen kannst du darauf vertrauen, dass eine konstruktive und befreiende Entwicklung tief in dir in Gang gesetzt worden ist und auch nach der Rückkehr in deinen wachen Alltag fortdauert. Lass auch das Gefühl der Verbundenheit von Emotionen, Geist und Körper da sein und schenke dir selbst Achtsamkeit und Aufmerksamkeit. Orientiere dich dann in den Raum hinein, in dem du dich befindest und komm zurück in deinen wachen Alltag. Öffne deine Augen, denn du bist bereits wach.]

Licht am Ende des Tunnels
Angst im Dunkeln

[In der Dunkelheit fühlst du dich sehr unsicher. Die Nacht ist daher für dich zur Belastung geworden, vor allem wenn du alleine bist. Du achtest dann auf Geräusche, befürchtest ständig, dass ein Geräusch, das du nicht zuordnen kannst, ein Gefahrensignal sein könnte. Manchmal kommt es dir am Tag so vor, dass du nachts und in der Dunkelheit die Flöhe husten hörst. Doch es gelingt nicht so einfach, dass du dir selbst gut zuredest, dir sagst, dass es keine Gefahr gibt. Die Angst schleicht mit der Dunkelheit herein. Du willst heute mit dieser Angst umgehen, sie distanzieren und besser noch loslassen.]

Atme tief ein und langsam und lange aus … … Stell dir vor, dass mit dem Ausatmen alle Lasten und Belastungen von dir abfallen … … Lass innere Leichtigkeit einkehren, mit jedem Atemzug ein bisschen mehr und bereite dich auf eine Reise in und durch ein besonderes Land vor, das es tief in deinem Inneren gibt … … das Land der Träume, mit all seinen Möglichkeiten und Chancen, mit der Kreativität und Schöpfungskraft deiner Fantasie … … denn alles, was in deiner Fantasie möglich ist, kann auf wundersame und besondere Art und Weise auch zur konstruktiven Wahrheit werden … … Du gehst in das Land der Träume … …

Du stehst vor einer Felswand in einem schönen Tal, stehst auf weichem Boden ... ... Du schaust dich um ... ... Das Tal ist sehr schmal und auf beiden Seiten gehen steile Felswände nach oben ... ... Der Boden ist mit weichem Moos bedeckt, sodass es sich anfühlt als würdest du auf einem Teppich stehen ... ... Du gehst also los, folgst dem schmalen, lang gezogenen Tal ... ... In der Mitte verläuft ein kleiner Bach mit frischem, klarem Wasser ... ... Du hörst das Plätschern des Wassers und das Zwitschern der Vögel, die in den Felsspalten nisten ... ... Hier unten im Tal ist alles ruhig und die Natur kann mit ihren sanften, schönen Klängen den Raum erfüllen ... ... Du fühlst dich sicher und entspannt ... ... Dein Weg durch das schmale Tal ist wie ein schöner Sonntagsspaziergang ... ... ohne Hast und ohne Eile ... ... gemütlich und entspannend ... ... Du folgst einfach dem Wasser des Bachlaufes ... ... gehst an seinem Ufer entlang und beobachtest das klare Wasser, das über die Steine springt und sich seinen Weg ganz einfach bahnt ... ... unaufhaltsam bewegt es sich weiter, durch nichts und niemanden aufzuhalten ... ... Dann denkst du über die Angst nach, die du so oft schon in der Dunkelheit verspürt hast ... ... eine Angst, die mit der Dunkelheit hereinbricht ... ... Vielleicht hast du eine Vorstellung, woher sie kommt oder warum sie immer noch da ist ... ... oder du fragst dich, wie sie eigentlich entstehen konnte, kannst dir die Angst nicht erklären … … Heute führt dich dein Weg durch das Land der Träume, hier durch das schmale Tal, damit du einen neuen Blick entwickeln kannst … … einen neuen Blick auf die Angst und damit dann auch einen neuen Blick auf dich selbst … … und dabei kannst du etwas über deine Angst erfahren, was du bisher noch nicht wusstest … … eine neue Bedeutung finden … … möglicherweise auch eine Ursache oder eine Entstehungsgeschichte, die du so noch nicht gesehen hast … … Du gehst weiter, Schritt für Schritt … … folgst dem Fließen des Wassers durch das Tal und deine Gedanken verlieren sich langsam in dem Plätschern des Wassers … … fließen mit dem Wasser sorglos davon … … Du bleibst stehen und setzt dich ans Ufer des Baches … … Tauchst deine Hände in das frische Wasser und wäschst sie darin, erfrischst dein Gesicht mit dem kühlen Wasser … … und ruhst dich etwas aus … … Du erlaubst dir eine Auszeit, einen Moment der tiefen Ruhe … … Dann stehst du auf und setzt deinen Weg durch das Tal fort … … Plötzlich entdeckst du eine Höhle in der Felswand … … Du gehst auf diese Höhle zu … … der Eingang sieht aus wie der Eingang eines Tunnels und du überlegst dir, ob dies wohl eine Höhle sein mag oder ein Durchgang in eine andere Welt … … in eine neue Welt … … Am Eingang der Höhle hängt ein

Schild mit der Aufschrift „Weg des Erkennens" ...
... Du schaust in die Höhle, die recht dunkel aussieht ... ... Doch du spürst eine tiefe Kraft in dir, bist noch erfrischt von dem Wasser des Baches und voller Neugierde darauf, ob es sich nun um eine Höhle handelt oder um einen Durchgang, der dich dann vielleicht aus dem Tal führen könnte ...
... Hier im Land der Träume kannst du dir vorstellen, in und durch diese Höhle zu gehen ... ... Hier fällt es dir vielleicht sogar sehr leicht ... ... Du gehst also einen Schritt in die Höhle und findest eine Laterne, die am Boden steht ... ... Du nimmst die Laterne in die Hand und sofort fängt sie an zu leuchten ... ... Du gehst tiefer in die Höhle und das Licht der Laterne leuchtet deinen Weg aus ... ... erhellt das Dunkel der Höhle ... ... Du gehst immer tiefer in die Höhle und in der Ferne siehst du Licht ... ... Es scheint eben doch ein Tunnel zu sein ... ... Die Höhle wird plötzlich weiter und du hebst die Laterne höher, um noch mehr sehen zu können ... ... Es gibt einen Raum in dieser Höhle, in dem du angekommen bist ...
... Du siehst dich hier um, schwenkst die Laterne hin und her ... ... Dann entdeckst du einen hohen Tisch, der aussieht wie ein Rednerpult ... ... und auf diesem Pult liegt ein offenes Buch ... ... wie ein Gästebuch ... ... oder ein Erinnerungsbuch ...
... Du gehst ganz nah heran und kannst lesen, was dort steht ... ... In dicken Buchstaben steht dort

eine Überschrift, wie der Beginn eines Kapitels im Buch ... ... Dort steht „Hinter der Angst" und dann ein Untertitel ... ... „Wovor du dich wirklich fürchtest" ... ... Du überlegst dir, dass dieses Buch eine besondere Antwort für dich haben kann ... ... dass du auf den nächsten Seiten entdecken kannst, was dir eigentlich Angst macht, denn es ist nicht wirklich die Dunkelheit ... ... Es ist etwas, das du mit ihr verbindest ... ... oder einst verbunden hast ... ... Du bereitest dich also vor, stellst die Laterne auf das Pult, genau so, dass du am meisten sehen und erkennen kannst ... ... und dann blätterst du um, siehst dir das Kapitel des Buches an ... ... Du findest jetzt ein Wort oder einen Satz ... ... vielleicht ein Bild oder ein Zeichen, ein Symbol, das dir am besten zeigen kann, was da hinter deiner Angst steckt ... ... Du siehst es jetzt ... ... Vielleicht hattest du mit diesem Wort gerechnet, mit diesem Satz oder mit dem Zeichen ... ... möglicherweise bist du auch überrascht, weil du gerade damit nicht gerechnet hast ... ... oder weil du dir zunächst einmal keinen richtigen Reim auf das machen kannst, was du jetzt siehst oder erkennst ... ... Vielleicht aber siehst du auch nichts, doch alles, was du gesucht hast, ist hier und steht in diesem Buch ... ... Wenn du jetzt nichts erkennen kannst, ist das überhaupt nicht schlimm ... ... vielleicht ist es doch noch zu dunkel in der Höhle ... ... Dann reiß dir einfach diese Seite aus dem

Buch und nimm sie mit ... ... Falte sie und steck sie ein, damit du sie dann später lesen kannst, wenn es heller ist ... ... Dann gehst du weiter und das Licht am Ende des Tunnels wird heller ... ... Du kommst zum Ausgang der Höhle und damit ist es dir klar geworden: Diese Höhle ist ein Durchgang in eine andere Welt ... ... Du gehst aus der Höhle nach draußen und kommst in einer wunderschönen, weiten Landschaft an ... ... Du siehst blühende Bäume ... ... reife Felder ... ... Du atmest tief ein und aus und dann denkst du darüber nach, dass das Land der Träume ganz tief in dir drin ist ... ... Dort war es schon immer ... ... Ich erzähle dir nur davon ... ...

[Erlaube dir noch für einen Augenblick die Ruhe zu spüren, bevor du dich auf das Wachwerden einstellst. Im Einklang mit deinen Gefühlen und Stimmungen kannst du darauf vertrauen, dass eine konstruktive und befreiende Entwicklung tief in dir in Gang gesetzt worden ist und auch nach der Rückkehr in deinen wachen Alltag fortdauert. Lass auch das Gefühl der Verbundenheit von Emotionen, Geist und Körper da sein und schenke dir selbst Achtsamkeit und Aufmerksamkeit. Orientiere dich dann in den Raum hinein, in dem du dich befindest und komm zurück in deinen wachen Alltag. Öffne deine Augen, denn du bist bereits wach.]

Ballonfahrt
Angst vor Höhe

[Du kennst die Höhenangst. Sobald es aufwärts geht, hast du das Bedürfnis, dich festzuhalten. Einerseits ist das ein ganz natürliches Sicherheitsbedürfnis, andererseits erscheint dir selbst die Vehemenz deiner Furcht in der Höhe als übertrieben. Du willst etwas dagegen unternehmen, willst dich auch auf einem hohen Balkon oder auf einem Aussichtsturm wohl fühlen können. Willst dich auch dann wohl fühlen und frei von Angst sein, wenn dein Verstand weiß, dass keine Gefahr besteht, doch dein Gefühl Angst produziert. Heute willst du dein Gefühl zur Höhe verändern.]

Atme tief ein und langsam und lange aus … … Stell dir vor, dass mit dem Ausatmen alle Lasten und Belastungen von dir abfallen … … Lass innere Leichtigkeit einkehren, mit jedem Atemzug ein bisschen mehr und bereite dich auf eine Reise in und durch ein besonderes Land vor, das es tief in deinem Inneren gibt … … das Land der Träume, mit all seinen Möglichkeiten und Chancen, mit der Kreativität und Schöpfungskraft deiner Fantasie … … denn alles, was in deiner Fantasie möglich ist, kann auf wundersame und besondere Art und Weise auch zur konstruktiven Wahrheit werden … … Du gehst in das Land der Träume … …

Du stehst auf einer riesigen Wiese ... ... und mitten auf dieser Wiese steht ein Ballon ... ... ein großer Ballon mit einem Korb, noch festgebunden an Seilen, denn der Ballon ist schon zur Abfahrt bereit ... ... Du schaust nach oben in den Himmel, das Wetter ist wunderschön ... ... ein blauer Himmel mit kleinen weißen Wolken ... ... etwas Wind ... ... ein Tag, der dazu einlädt, mit diesem schönen Ballon eine Fahrt zu unternehmen ... ... Du wartest ab ... ... Höhe verbindest du mit Angst ... ... in deinem wachen Alltag würdest du wahrscheinlich nicht in einen Ballon steigen um damit abzuheben ... ... Hier im Land der Träume ist aber viel mehr möglich als in deinem Alltag ... ... denn hier geht alles, was du dir denken und vorstellen kannst ... ... Hier gibt es keine Angst vor Höhe ... ... Doch vielleicht hast du auch in der Fantasie ein mulmiges Gefühl bei der Vorstellung, mit einem Ballon einfach so loszufliegen ... ... Lass dir also Zeit ... ... geh in deiner eigenen Geschwindigkeit ... ... in deinem Tempo ... ... Du schlenderst also einfach über die Wiese ... ... ganz gemütlich, näherst dich Schritt für Schritt dem Ballon, der auf dich wartet ... ... Vielleicht kann dieser Ballon zum Ballon der Freiheit werden ... ... zunächst der inneren Freiheit im Land der Träume, dass immer das Land deiner eigenen Gefühle ist ... ... und später dann vielleicht zum Ballon der Freiheit, den du auch in deinem wachen

Alltag in deinen Gefühlen besteigst … … immer dann, wenn es nach oben geht … … So kann dir die heutige Fantasiereise zuerst hier und heute helfen und dann jeden Tag … … vielleicht schon heute oder morgen … … oder an jedem Tag deines Lebens ein bisschen mehr … …

… … Du schaust in den Himmel … … Du siehst Vögel am Himmel fliegen … … einige flattern aufgeregt und eifrig … … andere gleiten sanft und ruhig dahin … … Für Vögel ist das Fliegen selbstverständlich … … Höhe bedeutet für sie Leben und Überleben … … Sie lieben die Höhe … … denn von dort oben können sie alles überblicken, können Nahrung finden und Zuflucht … … können Ausschau halten nach neuen Plätzen und Wegen … … Du denkst darüber nach, wie es wäre, wenn du sein könntest wie ein Vogel … … und du näherst dich bei diesem Gedanken dem Ballon … … Eine Fahrt mit dem Ballon kann ganz ähnlich sein … … Du kommst schließlich am Ballon an … … Ein Ballonfahrer begrüßt dich … … Er begleitet dich auf deiner Fahrt, steuert für dich den Ballon und achtet darauf, dass du in vollkommener Sicherheit bist … … Im Land der Träume kann dir nichts passieren … … Im Land der Träume geht immer alles gut … … und dieses Land ist keine Fiktion, keine einfache Fantasie … … Dieses Land existiert wirklich … … tief in deinen Gefühlen … … Es ist das Land deiner Gefühle

… … Du selbst bist das Land der Träume … … Du steigst also ein, springst in den Korb um zu erleben, was die Höhe hier mit dir macht … … oder was du mit der Höhe machst … … Der Ballonfahrer löst die Seile und langsam steigt der Ballon auf … … Du bleibst vollkommen ruhig, kannst das gut ertragen, denn du bist hier in vollkommener Sicherheit … … steigst hoch in die Luft und liegst/sitzt gleichzeitig stabil auf deiner Liege/deinem Sessel … … Der Ballon steigt nach oben, federleicht … … Es ist ganz einfach, weil er eben so leicht ist … … Befreit von den Zwängen der Seile steigt der Ballon in die Höhe … … Du atmest tief ein und aus und je höher der Ballon steigt, desto frischer und klarer wird die Atemluft … … Du genießt also die frische Luft und die Unbeschwertheit der Fahrt … … Du schaust gerade aus, richtest den Blick einfach nach vorne … … Du siehst die Baumkronen vorbei ziehen, weil der Ballon steigt … … und hier im Land der Träume wird jeder Meter, den du nach oben steigst, zu einem Schritt der Befreiung und Ruhe … … Du bist vollkommen ruhig und gelassen, gleichzeitig geht es nach oben … … in die Höhe und gleichzeitig in die Freiheit … … Du schaust über das Land, richtest den Blick sogar nach unten, in die Tiefe … … Auch dabei bleibst du ruhig und entspannt, vollkommen frei von Angst … … Du kannst weit in die Ferne blicken von hier aus … … kannst alles sehr gut erkennen und fühlst dich frei mit diesem weiten Blick … … Du kannst die Fahrt mit dem Ballon sogar genießen … … Du schaust in die Tiefe … … Du erkennst dabei, dass der Ballon sich auch zur Seite bewegt, über das Land der Träume hinweg fliegt … … Sanft und gemütlich geht dein Weg also nach vorne, wenn du es so willst … … Heute kannst du die Freiheit der Ballonfahrt so richtig genießen … … Hier ist es möglich, im Land der Träume … … Doch alles, was hier möglich ist, kann auch in deinem wachen Alltag geschehen, denn alles, was wir denken, kann Wahrheit werden … … So nimmst du heute das Gefühl der Freiheit ganz bewusst wahr, konzentrierst dich darauf, um es noch deutlicher werden zu lassen … … Du verbindest die Höhe des Fluges mit der Tiefe des Blickes … … Du verbindest die Höhe des Fluges mit der Freiheit und Entspannung … … Du bist jetzt frei von Angst … … in der Höhe frei von Angst … … Du hast es geschafft … … Du hast es heute geschafft … … Höhe ist einfach für dich … … Höhe ist ganz ungefährlich für dich … … selbst in der Höhe bist du beschützt … … und fühlst dich mutig und stark … … ganz selbstverständlich … … Im Land der Träume ist das ganz einfach … … und vielleicht fragst du dich, wann es dir in deinem wachen Alltag gelingen kann, diese Fantasie zur Wahrheit werden zu lassen … … wie lange es wohl dauern mag, bis du genauso locker und entspannt bei der Vorstellung von Höhe bist wie hier ... ... wann diese schöne Fiktion von Entspannung in der Höhe Wahrheit werden kann ... ... Vielleicht aber ist diese Fiktion schon längst Wahrheit geworden ... ... Doch gleichzeitig fällt dir ein, dass das Land der Träume ja überhaupt keine Fiktion ist ... ... Das Land der Träume existiert wirklich, denn es ist tief in dir drin ... ... Dort war es schon immer ... ... Ich erzähle dir nur davon ... ...

[Erlaube dir noch für einen Augenblick die Ruhe zu spüren, bevor du dich auf das Wachwerden einstellst. Im Einklang mit deinen Gefühlen und Stimmungen kannst du darauf vertrauen, dass eine konstruktive und befreiende Entwicklung tief in dir in Gang gesetzt worden ist und auch nach der Rückkehr in deinen wachen Alltag fortdauert. Lass auch das Gefühl der Verbundenheit von Emotionen, Geist und Körper da sein und schenke dir selbst Achtsamkeit und Aufmerksamkeit. Orientiere dich dann in den Raum hinein, in dem du dich befindest und komm zurück in deinen wachen Alltag. Öffne deine Augen, denn du bist bereits wach.]

Bahnhof der Hoffnung
Erwartungsangst

[Du hast schon häufig Panikanfälle erlebt, weißt wie das ist, wenn Angst plötzlich hereinbricht und dich wegreißt. Es hat sich dann oft angefühlt als würdest du ersticken oder du hast geglaubt, dass du sterben musst. Du hast versucht, dich auf die nächste Angst vorzubereiten, doch wenn sie dann kommt, ist sie übermächtig. So ist mit der Zeit eine weitere Angst entstanden, eine Angst vor Angst. In dieser Erwartungsangst bewegst du dich ständig, denkst die ganze Zeit über an eine mögliche Angstattacke. Sobald du diese Erwartung beenden kannst, hast du bereits viel gewonnen.]

Atme tief ein und langsam und lange aus … … Stell dir vor, dass mit dem Ausatmen alle Lasten und Belastungen von dir abfallen … … Lass innere Leichtigkeit einkehren, mit jedem Atemzug ein bisschen mehr und bereite dich auf eine Reise in und durch ein besonderes Land vor, das es tief in deinem Inneren gibt … … das Land der Träume, mit all seinen Möglichkeiten und Chancen, mit der Kreativität und Schöpfungskraft deiner Fantasie … … denn alles, was in deiner Fantasie möglich ist, kann auf wundersame und besondere Art und Weise auch zur konstruktiven Wahrheit werden … … Du gehst in das Land der Träume … …

Du stehst an einem Bahnhof, direkt auf dem Bahnsteig … … niemand außer dir ist hier, du bist ganz alleine … … und es ist sehr still um dich herum … … Der Bahnhof sieht so aus, wie die Bahnhöfe früher einmal ausgesehen haben … … damals, als noch Dampflokomotiven gefahren sind, doch das ist lange her … … Du siehst dich um, doch es gibt keine Stadt, keine Ortschaft hier … … Der Bahnhof steht in offener Landschaft … … Ein einzelnes Gleis führt am Bahnhof entlang, auf dem nur ein einziger Zug fahren kann … … Der Bahnhof scheint mitten auf einer Wiese zu stehen, umgeben von Äckern und Felder … … Wer soll hier wohl abfahren? … … Warum kann es einen Bahnhof geben, an einem Ort, an dem keine Menschen wohnen? … … Vielleicht gab es früher eine Stadt hier oder wenigstens ein Dorf, doch davon ist nichts mehr zu sehen … … nicht einmal Mauern oder Straßen … … Dann bemerkst du, dass direkt neben dir ein Koffer steht … … Es ist dein Koffer … … mit gepackten Sachen wartest du hier auf einen Zug … … und in diesem Augenblick weißt du vielleicht selbst nicht, warum und auf welchen Zug du wartest … … Du schaust dich um, gehst ein paar Schritte über den Bahnsteig … … Dann entdeckst du ein Schild am Bahnsteig, das aussieht wie die Hinweisschilder, die an Bahnhöfen die Richtung oder das Ziel eines Zuges angeben … … Auf diesem Schild steht „Zug der

Angst" ... ... Dabei fällt dir auf, dass deine Angst oftmals wie ein heran rasender Zug war, der dich mitgerissen oder einfach überfahren hat ... ... wie ein Zug, der plötzlich in voller Fahrt um die Kurve kommt und dann an dir vorbei rast ... ... und nachdem dich der Schnellzug der Angst einige Male überfahren hatte, hast du angefangen voller Angst auf den nächsten Zug zu warten ... ... in deinem wachen Alltag hast du ständig an die Angst gedacht und hier im Land der Träume hast du dich an den Bahnhof gestellt und gewartet ... ... so als müsstest du mit diesem Zug der Angst fahren, hättest keine andere Wahl ... ... Doch der Bahnhof sieht aus als wäre lange kein Zug hier abgefahren ... ... Vielleicht ist deine letzte Panikattacke noch gar nicht so lange her und doch ist es so, dass ein Teil von dir an einem Punkt wartet, an dem die Angst nicht ankommt ... ... ein Teil von dir ist stehen geblieben, um sich auf die Angst vorzubereiten, auch ein solcher Teil, der längst hätte weiter gehen können ... ... Hier im Land der Träume stehst du daher an diesem Bahnhof, der nicht mehr wirklich notwendig ist ... ... Vielleicht denkst du, dass du in dieser Erwartung bleiben solltest, weil die Angst zurückkommen kann ... ... doch wirklich verändern konntest du die Angst noch nicht ... ... und hier im Land der Träume wartest du auf den Zug, der dann unaufhaltsam auf dich zurasen würde ... ... doch das Land der

Träume ist anders als unser Alltag ... ... hier gelingt es viel leichter und viel schneller, die Dinge zu verändern ... ... Hier kannst du den Zug der Angst anhalten, wenn du es so willst ... ... doch du entscheidest dich anders ... ... Wenn der Zug dir begegnen sollte, dann kannst du ihn anhalten, doch du wartest nicht weiter darauf ... ... Du beendest das Warten ... ... Du beendest es jetzt, denn du willst weiter gehen ... ... Also lässt du den alten Koffer am Bahnhof stehen und gehst durch die Halle zum Ausgang ... ... Du verlässt den Bahnhof und gehst zu Fuß ... ... in deiner Geschwindigkeit, in deinem Tempo gehst du durch das Land der Träume ... ... Schritt für Schritt und vielleicht auch langsam, doch du kommst damit voran, gehst weiter und stehst nicht mehr auf der Stelle ... ... Du gehst einem Hügel entgegen, es geht bergauf und vielleicht wird dein Weg ein bisschen schwerer ... ... Doch hier im Land der Träume kannst du alles schaffen ... ... Du gehst auf den Hügel ... ... Schritt für Schritt, um diese Anhöhe zu überwinden ... ... und oben angekommen kannst du plötzlich ganz weit in die Ferne sehen ... ... das ganze Land überblicken ... ... Du siehst eine wunderschöne Landschaft, die du noch nie zuvor erblickt hast, obwohl sie so nah am Bahnhof schon beginnt ...
... unberührte Natur soweit dein Auge reicht ...
... wunderschön und farbenfroh und von dieser

Landschaft geht eine wunderbare Ruhe aus … … Du fühlst dich frei und gleichzeitig ganz geborgen und beschützt … … Hier im Land der Träume kann dir gar nichts geschehen … … Dann fällt dir auf, dass du nirgendwo Gleise sehen kannst … … Der Weg des Zuges, der irgendwann vielleicht gekommen wäre, führt nicht hier durch dieses schöne Land … … Dieses Land kannst du nur zu Fuß und Schritt für Schritt erwandern … … kannst es Schritt für Schritt genießen, in deiner Geschwindigkeit, in deinem Tempo … … Also beschließt du, die Welt zu erkunden … … loszugehen und nicht länger auf den Zug der Angst zu warten … … Soll er ohne dich abfahren! … … Du gehst deinen Weg ohne ihn … … ohne das Warten auf Angst … … Die Schönheit der Welt lädt dich ein … … Doch zunächst findest du einen schönen Platz zum Ausruhen … … einen Platz, an dem du dich hinlegen kannst, um dich auf deine Wanderung vorzubereiten … … Du machst es dir also bequem und schaust noch einmal über das schöne Land, das du erkunden wirst … … das schöne Land jenseits des Bahnhofs, den du nicht mehr brauchst … … Dann schließt du die Augen und denkst über die Schönheit des Traumlandes nach … … Du überlegst dir, wie befreiend und erfrischend das sein wird, genau diese Welt zu erwandern und zu erkunden … … Du fragst dich, ob es die Schönheit des Traumlandes und die Möglichkeiten, die du hier hast, auch in deinem Alltag zu geben kann ... ... Vielleicht denkst du, es wäre gut, immer im Land der Träume zu sein ... ... wünschst dir, genau das, was hier möglich ist, in deinem wachen Alltag zu erleben ... ... und dann fällt es dir wieder ein ... ... Du bist ja immer dort oder zumindest ist immer ein großer Teil von dir im Land der Träume, denn das Land der Träume ist tief in dir drin ... ... Dort war es schon immer ... ... Ich erzähle dir nur davon ... ...

[Erlaube dir noch für einen Augenblick die Ruhe zu spüren, bevor du dich auf das Wachwerden einstellst. Im Einklang mit deinen Gefühlen und Stimmungen kannst du darauf vertrauen, dass eine konstruktive und befreiende Entwicklung tief in dir in Gang gesetzt worden ist und auch nach der Rückkehr in deinen wachen Alltag fortdauert. Lass auch das Gefühl der Verbundenheit von Emotionen, Geist und Körper da sein und schenke dir selbst Achtsamkeit und Aufmerksamkeit. Orientiere dich dann in den Raum hinein, in dem du dich befindest und komm zurück in deinen wachen Alltag. Öffne deine Augen, denn du bist bereits wach.]

Der Prüfungsraum
Prüfungsangst

[Du kennst die Furcht vor und in Prüfungssituationen. Häufig hattest du schon damit zu kämpfen. Du wirst nervös und kannst dein Fachwissen nicht richtig abrufen, fühlst dich blockiert und ausgeliefert. Und wenn du dann über deine Angst nachgedacht hast oder versuchst hast, gegen sie anzukämpfen, ist es noch schlimmer geworden. Doch du willst dich nicht länger der Angst ergeben, willst nicht länger darauf hoffen, dass du beim nächsten Mal weniger Angst haben könntest oder einfach mehr Glück. Du willst mit konstruktiver Anspannung in die nächste Prüfung gehen, doch ohne lähmende Angst.]

Atme tief ein und langsam und lange aus … … Stell dir vor, dass mit dem Ausatmen alle Lasten und Belastungen von dir abfallen … … Lass innere Leichtigkeit einkehren, mit jedem Atemzug ein bisschen mehr und bereite dich auf eine Reise in und durch ein besonderes Land vor, das es tief in deinem Inneren gibt … … das Land der Träume, mit all seinen Möglichkeiten und Chancen, mit der Kreativität und Schöpfungskraft deiner Fantasie … … denn alles, was in deiner Fantasie möglich ist, kann auf wundersame und besondere Art und Weise auch zur konstruktiven Wahrheit werden … … Du gehst in das Land der Träume … …

Du stehst in einem Gebäude auf dem Flur ... ... es ist ein langer Gang mit vielen Türen ... ... Du gehst durch diesen Gang und findest eine Tür, an der dein Name steht ... ... Du öffnest die Tür und betrittst einen leeren Raum ... ... Es ist dein Prüfungsraum im Land der Träume ... ... Hier kannst du deine Prüfung vorbereiten ... ... Doch hier im Land der Träume geht das anders als du vielleicht dachtest ... ... Hier kannst du alles bestimmen, auch wie dein Prüfungsraum aussehen soll ... ... denn am leichtesten fällt dir eine Prüfung dann, wenn du selbst möglichst viel selbst gestalten und bestimmen kannst ... ... Du kannst also heute einen besonderen Prüfungsraum gestalten ... ... einen Raum, in dem du Ruhe finden kannst ... ... im gleichen Raum kannst du lernen oder das Gelernte wirken lassen ... ... und hier kannst du auch geprüft werden ... ... in deinem eigenen Raum ... ... auf deinem Terrain ... ... dort fällt dir alles leichter, was zum Bestehen deiner Prüfung wichtig ist ... ... denn hier kannst du dich sicher fühlen ... ... Also los ... ... Die Möbelpacker stehen bereit um deinen Raum einzurichten ... ... Überlege dir nun, welche Möbel der Raum haben soll ... ... vielleicht einen Tisch mit bequemen Stühlen daran, an dem die Prüfung stattfinden soll ... ... Stell einen Tisch dorthin, an dem du dich wohl fühlen kannst ... ... und passende Stühle ... ... Stühle, die zu dir passen ... ... für dich ...

... und für deine/n Prüfer ... ... vielleicht braucht dein Prüfungstisch auch etwas, das es in Prüfungssituationen in deinem wachen Alltag nicht gibt ... ... eine schöne Tischdecke oder eine Kerze ... ... dann stell sie einfach auf den Tisch, denn dieser Prüfungsraum gehört nur dir alleine ... ... und dein/e Prüfer folgt/en dir im Land der Träume ... ... folgen deinen Vorstellungen und Bedürfnissen ... ... Also richte deinen Prüfungstisch so ein, dass du dich daran wohl fühlen kannst ... ... Überlege dann, was dein Raum noch braucht ... ... vielleicht eine Ecke, in der du dich ausruhen kannst, wenn du eine Pause brauchst, denn hier darfst du auch Pausen während einer Prüfung machen ... ... Deine Prüfer nehmen hier im Land der Träume Rücksicht darauf ... ... denn hier wird geprüft, was du wirklich bist und was du wirklich kannst ... ... Wenn du willst, stell dir eine bequeme Couch in eine Ecke oder einen wirklich weichen Sessel, in dem du dich ausruhen kannst ... ... in dem du dich auch auf Prüfungen vorbereiten kannst ... ... vielleicht ziehst du dich dorthin zum Lesen und Lernen zurück ... ... oder du ruhst dich zwischen den Lerneinheiten dort aus und träumst einen schönen Traum ... ... und während der Prüfung machst du in dem weichen Sessel Pause ... ... in ihm wird eine Sekunde zu einer Stunde und ein Augenblick der Stille und Ruhe zu einem erholsamen Schlaf, der dir neue und frische Kraft bringt … … und nach deiner Prüfung kannst du dich wieder in diesen Sessel setzen und genießen, dass du es geschafft hast … … dass deine Prüfung zu Ende ist und du dein Wissen präsentieren durftest … …

… … Gestalte nun die Wände in deinem Raum … … Lass sie in einer Farbe erscheinen, die dir gefällt … … eine Farbe, die dich ruhig stimmt und dir hilft, dich wohl zu fühlen … … vielleicht ein sanftes, zartes Gelb … … oder ein freundliches Hellblau … … oder die Farbe des Flieders … … entscheide selbst, welche Farbe deinen Raum ausfüllen soll … … so, wie es für dich am besten ist … … und wenn du willst, hänge Bilder an die Wände … … Lass einen schönen Raum entstehen, den du mit deinen Gefühlen und Stimmungen füllen kannst … … deinen Raum der Ruhe, der auch ein Ort des Lernens sein darf … … deinen Raum des Lernens, der auch ein Ort des Verharrens sein darf … … deinen Raum des Verharrens, der auch ein Ort der Erneuerung und der Regeneration sein darf … … dein Raum der Regeneration, der auch ein Ort der Prüfungen sein darf … … Gestalte den Raum nach deinen Wünschen, mit allen Details, die dir in deiner Vorstellung helfen … … vielleicht brauchst du noch einen Glücksbringer … … einen Talisman, der dir schon einmal Glück gebracht hat und dies wieder tun soll … … ein Zeichen oder ein Symbol, an dem du dich in einer schwierigen

Situation festhalten kannst … … etwas, das dir Führung gibt … … etwas, das dir Sicherheit gibt, was auch immer das sein könnte … … Entscheide selbst, was in deinem Raum sein soll … … Dann mach es dir in deinem Sessel bequem … … Setz dich hin und genieße diesen Raum … … genieße die Ruhe und Gelassenheit, die du in diesem Moment tatsächlich hast … … Atme tief ein und aus … … *[im Atemrhythmus des Klienten bitte!]* … … tief ein … … und aus … … ein … … und aus … … und lass nun deine/n Prüfer eintreten … … Lass deine/n Prüfer in den Raum kommen und fühle, dass du auch dabei ruhig bleibst … … Lass ihn/sie Platz nehmen am Prüfungstisch … … an deinem Tisch … … und lass auch deine/n Prüfer sich dort wohl fühlen … … Geh nun auch zu dem Tisch und nimm Platz … … Spüre noch immer die Ruhe, die von dem Raum ausgeht … … diese Ruhe, die tief in deinem Inneren entsteht … … und erlebe auch die Ruhe der/des Prüfer/s … … denn auch er/sie wird/werden von der Ruhe und dem Frieden deines Raumes erfasst … … Sei einfach hier und verweile in deinem Gefühl, das ist genug … … mehr brauchst du jetzt nicht … … Jetzt kommt es nur auf das Gefühl von Ruhe und Frieden an … … nur auf das Gefühl von Ruhe und Frieden … … Ruhe und Frieden in dir … … und Ruhe und Frieden deines/r Prüfer/s … … Er ist/Sie treten dir freundlich entgegen … … hier im Land der Träu-

me und dann auch in deinem wachen Leben ... ...
denn alles, was du dir vorstellen kannst, kann
auch Wahrheit werden ... ... zuerst hier im Land
der Träume, dann in deinem wachen Leben ... ...
Das Land der Träume ist der Ursprung für alles,
was sein darf, denn es ist nicht einfach ein Land
der Fantasie und Kreativität ... ... Es ist viel mehr
... ... Das Land der Träume ist Wahrheit ganz tief
in dir drin ... ... dort war es schon immer ... ...
Ich erzähle dir nur davon ... ...

[Erlaube dir noch für einen Augenblick die Ruhe zu spüren, bevor du dich auf das Wachwerden einstellst. Im Einklang mit deinen Gefühlen und Stimmungen kannst du darauf vertrauen, dass eine konstruktive und befreiende Entwicklung tief in dir in Gang gesetzt worden ist und auch nach der Rückkehr in deinen wachen Alltag fortdauert. Lass auch das Gefühl der Verbundenheit von Emotionen, Geist und Körper da sein und schenke dir selbst Achtsamkeit und Aufmerksamkeit. Orientiere dich dann in den Raum hinein, in dem du dich befindest und komm zurück in deinen wachen Alltag. Öffne deine Augen, denn du bist bereits wach.]

Wind der Vergangenheit
Panikanfälle

[Panikanfälle sind unberechenbar. Du hast das erlebt, weißt wie es ist, plötzlich von der Angst überrascht zu werden. Die Angst hat sich dann so schnell gesteigert, dass sie zur Todesangst wurde und du dachtest, das wäre das Ende. Vielleicht dass du ersticken würdest oder dein Herz stehen bleiben würde. Panik kommt schnell und meistens bleibt sie gar nicht so lange, einige Minuten oder eine halbe Stunde, die dann für dich zur Ewigkeit wird. Die Angst kommt wie der Wind, der ganz plötzlich und unsichtbar da ist. Du kannst ihn nicht sehen und nicht nach ihm greifen, nur fühlen kannst du ihn.]

Atme tief ein und langsam und lange aus … … Stell dir vor, dass mit dem Ausatmen alle Lasten und Belastungen von dir abfallen … … Lass innere Leichtigkeit einkehren, mit jedem Atemzug ein bisschen mehr und bereite dich auf eine Reise in und durch ein besonderes Land vor, das es tief in deinem Inneren gibt … … das Land der Träume, mit all seinen Möglichkeiten und Chancen, mit der Kreativität und Schöpfungskraft deiner Fantasie … … denn alles, was in deiner Fantasie möglich ist, kann auf wundersame und besondere Art und Weise auch zur konstruktiven Wahrheit werden … … Du gehst in das Land der Träume … …

Du stehst auf einer Blumenwiese und der Himmel über dir ist wunderschön klar … … hellblau und sonnig und hier und da gibt es ein paar kleine weiße Wolken, die langsam dahin ziehen … … und deine Gedanken ziehen einfach mit den Wolken weiter … … Du findest einen schönen, bequemen Platz, an dem du dich hinsetzen oder hinlegen kannst … … vielleicht ein Schattenplatz unter einem Baum oder ein Platz direkt in der wärmenden Sonne … … Du findest dort eine weiche Unterlage, ein dickes Kissen oder eine Matratze … … mit einer Wolldecke, mit der du dich zudecken kannst … … und dann machst du es dir so richtig bequem … … so bequem, dass du denkst, bequemer und gemütlicher geht es nicht mehr … … Du kommst zur Ruhe … … mit geöffneten Augen liegst du da und schaust in den Himmel, beobachtest die kleinen weißen Wolken … …

… … Plötzlich kommt Wind auf … … der Wind der Erinnerung, der dir Bilder vor Augen weht … … Bilder, die dir noch einmal zeigen, wie das war und wie es sich angefühlt hat bei deiner ersten Angstattacke … … Du siehst die Bilder davon vor deinem inneren Auge … … wie eine Projektion am Himmel … … Du kannst dich selbst sehen, erkennst die Not und die Hilflosigkeit, in der du dich befunden hattest … … Du bleibst dabei ruhig, denn es ist nur der Wind der Erinnerung, der die Bilder bringt … … Bilder aus einer vergangenen Zeit, denn dieser Angstanfall ist längst vorüber … … Du lässt diese Bilder und Eindrücke noch einmal in Ruhe auf dich wirken … … *[Hier bitte eine gefühlte halbe Minute Zeit geben, dann weiter lesen!]* … … Dann vergehen die Bilder langsam im Wind der Erinnerung und lösen sich auf … … Dann wird es wieder still, die Luft wird ruhig und du atmest aus … … *[10 Sekunden Pause]* … … Dann kommt plötzlich wieder Wind auf … … der Wind der Vergangenheit, der dir frühere Bilder bringt … … Er weht Bilder deiner Erinnerungen an den Himmel und du kannst sie dort betrachten … … Bilder aus einer Zeit, die lange zurück liegt … … Sie zeigen dir Eindrücke aus deiner Kinderzeit … … vor allem solche Bilder, die dir zeigen, wovor du als Kind Angst hattest … … Da gab es vielleicht noch keine Angstanfälle, keine Panik … … doch jedes Kind hat Ängste und fürchtet sich vor irgendetwas ganz besonders … … und du siehst am Himmel, was dir als Kind am meisten Angst gemacht hat … … Du kannst auch in diese Erinnerung eintauchen, denn sie kann dir nicht mehr schaden … … Du bleibst ruhig und gelassen, kannst in Ruhe betrachten und erkennen … … Auch diese Zeit ist längst vorüber … … Du lässt diese Bilder und Eindrücke noch einmal in Ruhe auf dich wirken … … *[Hier bitte eine gefühlte halbe Minute Zeit geben, dann weiter lesen!]* … … Dann vergehen die Bilder langsam im Wind der

Vergangenheit und lösen sich auf ... ... Dann wird es wieder still, die Luft wird ruhig und du atmest aus ... ... *[10 Sekunden Pause]* ... ... Plötzlich kommt erneut Wind auf ... ... der Wind des Mutes ... ... er bringt dir Bilder, die dir zeigen, wann und wo du einst sehr viel Mut gebraucht hast ... ... Vielleicht denkst du selbst, dass du niemals mutig warst, doch Mut bedeutet nicht stark und souverän zu sein ... ... Mut bedeutet, trotz Angst zu handeln und das hast du schon oft im Leben getan ... ... hast weiter gemacht, auch dann, wenn deine Angst sehr groß war ... ... selbst in der schlimmsten Panikattacke hast du irgendwie durchgehalten, versucht dagegen zu kämpfen oder zumindest irgendwie da durch zu kommen ... ... Du warst und bist also auch mutig ... ... und die Bilder, die der Wind des Mutes an den Himmel weht, zeigen dir eine Situation, in der du wirklich mutig sein musstest und es geschafft hast ... ... Es gab solche Situationen, also kannst du auch Bilder davon sehen oder erinnern ... ... Du lässt diese Bilder und Eindrücke noch einmal in Ruhe auf dich wirken ... ... *[Hier bitte eine gefühlte halbe Minute Zeit geben, dann weiter lesen!]* ... ... Dann vergehen die Bilder langsam im Wind des Mutes und lösen sich auf ... ... Dann wird es wieder still, die Luft wird ruhig und du atmest aus ... ... *[10 Sekunden Pause]* ... ... Und wieder kommt ein heftiger Wind auf ... ... der Wind des Überwindens … … Er bringt dir Bilder, die dir am Himmel noch einmal zeigen, dass du oft auch etwas überwinden musstest … … Grenzen überwinden musstest … … vor allem Grenzen in dir … … Die Angst kommt dir wie eine Grenze vor … … doch auch da hast du beschlossen, diese Grenze zu überwinden … … so wie du es schon oft getan hast … … es hat dich immer Kraft und Mühe gekostet, doch du hast es geschafft, Grenzen zu überwinden … … Also schaffst du es wieder, indem du die Erinnerung wirken lässt und diese Fähigkeit und Kraft des Überwindens erneut in dir findest … … Du lässt diese Bilder und Eindrücke noch einmal in Ruhe auf dich wirken … … *[Hier bitte eine gefühlte halbe Minute Zeit geben, dann weiter lesen!]* … … Dann vergehen die Bilder langsam im Wind des Überwindens und lösen sich auf … … Dann wird es wieder still, die Luft wird ruhig und du atmest aus … … *[10 Sekunden Pause]* … … Du spürst in dich hinein … … fühlst diese alte Kraft des Mutes und des Überwindens in dir … … diese Kräfte waren immer in dir und du kannst sie jetzt wieder nutzen, um die Angst zu überwinden … … um der Angst mit Mut und Entschlossenheit entgegen zu treten … … Schließlich kommt noch einmal Wind auf … … der Wind der Zukunft und der bringt Bilder, die dir zeigen, wie es sein wird, sobald es dir gelungen ist, die Angst mit deinem Mut zu überwinden … … Du siehst diese schönen

Bilder der Zukunft am Himmel ... ... Du kannst dich selbst beobachten ... ... mutig und entschlossen siehst du aus ... ... gleichzeitig ruhig und sicher, denn du weißt, dass du dein Ziel erreichen kannst ... ... Du erreichst es mit Hilfe deiner eigenen Gefühle ... ... Sie stehen dir immer zur Verfügung ... ... hier im Land der Träume und an jedem Tag deines Lebens ... ... Du stellst dir vor, dass all das sehr schnell möglich wäre, wenn das Land der Träume Wahrheit wäre ... ... und dann fällt es dir wieder ein ... ... Das Land der Träume ist Wahrheit, denn es liegt tief in dir ... ... dort war es schon immer ... ... Ich erzähle dir nur davon ... ...

[Erlaube dir noch für einen Augenblick die Ruhe zu spüren, bevor du dich auf das Wachwerden einstellst. Im Einklang mit deinen Gefühlen und Stimmungen kannst du darauf vertrauen, dass eine konstruktive und befreiende Entwicklung tief in dir in Gang gesetzt worden ist und auch nach der Rückkehr in deinen wachen Alltag fortdauert. Lass auch das Gefühl der Verbundenheit von Emotionen, Geist und Körper da sein und schenke dir selbst Achtsamkeit und Aufmerksamkeit. Orientiere dich dann in den Raum hinein, in dem du dich befindest und komm zurück in deinen wachen Alltag. Öffne deine Augen, denn du bist bereits wach.]

Schlusswort

Nachdem Sie die Trancegeschichten gelesen haben, sind sicherlich schon Ideen entstanden, zu welchem Anlass und in welcher Form Sie die eine oder andere Geschichte einmal vorlesen können. Das geht mit allen Geschichten auch ohne speziellen Anlass, einfach so zur Entspannung. Die angesprochenen Themen spielen bei allen Menschen eine Rolle und können keinesfalls Schaden anrichten. Wenn Sie nun überlegen, eigene Geschichten zu schreiben oder auch frei zu formulieren, dann möchte ich Sie ausdrücklich dazu ermuntern. Es steht keine Geheimwissenschaft dahinter und falsch machen können Sie kaum etwas. Wenn Sie verständnisvoll und liebevoll formulieren, gelingt Ihnen auch das Schreiben einer guten Trancegeschichte. Sie werden sehen, wie leicht das ist und wie wirksam und vor allem hilfreich Ihre eigenen Geschichten sein werden.

Buchreihe: Zehn Hypnosen

Zehn Hypnosen. Band 1: Raucherentwöhnung
ISBN: 978-3-8391-1838-2

Zehn Hypnosen. Band 2: Angst und Unruhezustände
ISBN: 978-3-7322-4734-9

Zehn Hypnosen. Band 3: Burn Out
ISBN: 978-3-7322-4717-2

Zehn Hypnosen. Band 4: Übergewicht reduzieren
ISBN: 978-3-7322-4569-7

Zehn Hypnosen. Band 5: Vergangenheitsbewältigung
ISBN: 978-3-7322-4719-6

Zehn Hypnosen. Band 6: Suizidgedanken und Suizidversuche
ISBN: 978-3-7322-4722-6

Zehn Hypnosen. Band 7: Psychoonkologie
ISBN: 978-3-7322-4725-7

Zehn Hypnosen. Band 8: Zwänge und Tics
ISBN: 978-3-7322-4726-4

Zehn Hypnosen. Band 9: Selbstvertrauen und Entscheidungen
ISBN: 978-3-7322-4727-1

Zehn Hypnosen. Band 10: Trauerarbeit
ISBN: 978-3-7322-4729-5

Zehn Hypnosen. Band 11: Psychosomatik
ISBN: 978-3-7322-8515-0

Zehn Hypnosen. Band 12: Chronische Schmerzen
ISBN: 978-3-7322-8527-3

Zehn Hypnosen. Band 13: Depressive Gedanken
ISBN: 978-3-7322-8528-0

Zehn Hypnosen. Band 14: Panikanfälle
ISBN: 978-3-7322-8533-4

Zehn Hypnosen. Band 15: Gewalterfahrungen
ISBN: 978-3-7322-8535-9

Zehn Hypnosen. Band 16: Posttraumatischer Stress
ISBN: 978-3-7322-8538-9

Zehn Hypnosen. Band 17: Prüfungsangst und Lampenfieber
ISBN: 978-3-7322-8546-4

Zehn Hypnosen. Band 18: Anti-Gewalt-Training
ISBN: 978-3-7322-8549-5

Zehn Hypnosen. Band 19: Suchttendenzen
ISBN: 978-3-7322-8550-1

Zehn Hypnosen. Band 20: Soziale Phobie und Kontaktangst
ISBN: 978-3-7322-8557-0

Weitere Hypnosebücher

Selbsthypnose. Das Praxisbuch *ISBN: 978-3-7322-4667-0*

Hypnose kreativ gestalten. Anleitungen und Texte für die Praxis
ISBN: 978-3-8448-0308-2

Hypnosepraxis. Ein Leitfaden der Trancearbeit
ISBN: 978-3-8370-7629-5

Reframing in Trance. Perspektiven mit Hypnose ändern
ISBN: 978-3-8370-7639-4

Rückführungen. Leitfaden der Reinkarnationstherapie
ISBN: 978-3-8370-7642-4

Der Hypnosebaukasten. Textbausteine und Anleitungen
ISBN: 978-3-8391-8109-6

Grundkurs Hypnose *ISBN: 978-3-8391-0170-4*

Suggestionen richtig formulieren *ISBN 978-3-8370-9519-7*

Suggestionstexte und Hypnosevorlagen

Hypnosetexte 1. 50 ausformulierte Suggestionstexte
für den Hypnosehauptteil *ISBN: 978-3-7322-4658-8*

Hypnosetexte 2. 50 ausformulierte Suggestionstexte
für den Hypnosehauptteil *ISBN: 978-3-7322-4659-5*

Hypnosetexte 3. 50 ausformulierte Suggestionstexte
für den Hypnosehauptteil *ISBN: 978-3-7322-4660-1*

Hypnosetexte 4. 50 ausformulierte Suggestionstexte
für den Hypnosehauptteil *ISBN: 978-3-7322-4665-6*

Hypnosetexte 5. 50 ausformulierte Suggestionstexte
für den Hypnosehauptteil *ISBN: 978-3-7322-8631-7*

Hypnosetexte 6. 50 ausformulierte Suggestionstexte
für den Hypnosehauptteil *ISBN: 978-3-7322-8625-6*

Buchreihe: Im Land der Träume - Fantasiereisen für Erwachsene

Band 1: Selbstachtung und Selbstwertgefühl; Gewalt gegen die Mutter *ISBN: 978-3-7322-8620-1*

Band 2: Psychosomatik; Panikanfälle *ISBN: 978-3-7322-8627-0*

Band 3: Einschlafstörungen; Übergewicht und Essanfälle *ISBN: 978-3-7322-8571-6*

Band 4: Sexueller Missbrauch durch Priester; Gewalt in der Kindheit *ISBN: 978-3-7322-8572-3*

Band 5: Suchttendenzen (Alkohol); Angst beim Autofahren *ISBN: 978-3-7322-8574-7*

Band 6: Burnout; Trauerbewältigung *ISBN: 978-3-7322-8581-5*

Band 7: Prüfungsangst; Kontrollzwänge *ISBN: 978-3-7322-8605-8*

Band 8: Ticstörungen; Schwangerschaftsabbruch *ISBN: 978-3-7322-8608-9*

Band 9: Fehlgeburt; Flugangst *ISBN: 978-3-7322-8610-2*

Band 10: Existenzangst; Hypochondrie *ISBN: 978-3-7322-8611-9*

Weitere Fantasiereisen und Trancegeschichten

Wellen am Horizont. Trancegeschichten
(*verschiedenen Themen*) *ISBN: 978-3-8391-1394-3*

Heilsame Fantasien. Trancegeschichten
(*verschiedenen Themen*) *ISBN: 978-3-8391-0899-4*

Fang wieder an zu leben. Trancegeschichten
(*Abbruch- und Umbruchsituationen*) *ISBN: 978-3-7322-4695-3*

Spiegelbilder im See. Trancegeschichten (*Beziehungen*)
ISBN: 978-3-7322-9736-8

Feuer am Wasserfall. Trancegeschichten
(*Gefühle und Stimmungslagen*) *ISBN: 978-3-7322-9782-5*

Frieden mit dem inneren Kind. Trancegeschichten
(*Vergangenheitsbewältigung*) *ISBN: 978-3-7357-8853-5*

Im Land der Sternenkinder. Trancegeschichten
(*für Eltern von Sternenkindern*) *ISBN: 978-3-7322-8624-9*

Diesseits der Sternenbrücke. Trancegeschichten
(*für Pflegekräfte*) *ISBN: 978-3-7322-8623-2*

Heilpraktikerbücher

Heilpraktiker für Psychotherapie. Prüfungswissen
ISBN: 978-3-8334-9867-1

Heilpraktiker für Psychotherapie. Die mündliche Prüfung
ISBN: 978-3-8334-9868-8

Heilpraktiker für Psychotherapie. Die schriftliche Prüfung
ISBN: 978-3-8370-0347-5

Heilpraktiker für Psychotherapie. 20 Fallbeispiele
ISBN: 978-3-8370-1090-0

Endlich Heilpraktiker. Die häufigsten Irrtümer in der Psychotherapieprüfung *ISBN: 978-3-8370-0329-1*

Übungsaufgaben Psychotherapie. Zur Vorbereitung auf den kleinen Heilpraktiker *ISBN: 978-3-8370-0683-4*

Crashtest Psychotherapie. Zur Vorbereitung auf den kleinen Heilpraktiker *ISBN: 978-3-8370-0709-1*

Spezialtest Psychotherapie. Für kleine und große Heilpraktiker *ISBN: 978-3-8370-5838-3*

Heilpraktikerprüfung Psychotherapie. 200 kommentierte Aufgaben *ISBN: 978-3-8370-6017-1*

Diagnosetraining Psychotherapie. Ein Arbeits- und Nachschlagebuch *ISBN: 978-3-8370-4281-8*

Psychotherapie. Der Fragenkatalog. Fachwissen Heilkunde
ISBN: 978-3-8370-5396-8